MAÎTRISEZ LE MLM EN 2024

Stratégies de pro pour exceller

B. Chaulet

CONTENTS

Title Page
Chapter 1: Introduction   1
Chapter 2: Débuts dans le MLM : De l'Inscription au 1er Niveau de Carrière   4
Chapter 3: Premiers pas et mise en place de votre nouvelle activité   13
Chapter 4: En route vers le niveau de Manager   20
Chapter 5: Jeune Manager d'Équipe   37
Chapter 6: Le Rôle du Leader : Diriger une Entreprise MLM Prospère   57
Chapter 7: Gestion d'une entreprise MLM à grande échelle : défis et solutions   60

CHAPTER 1: INTRODUCTION

Tout au long de mes quinze années d'expérience dans le domaine du marketing de réseau ou MLM, en tant que responsable marketing au sein d'une entreprise leader dans le secteur des produits de santé, j'ai eu l'opportunité unique d'observer et d'apprendre de la multitude d'expériences vécues par les membres de notre réseau de distributeurs.

Fuyez les escroqueries et les sociétés prétendant offrir des bénéfices immédiats et aisés. Le marketing de réseau ne repose pas sur ces principes !

Le domaine du marketing de réseau a traversé une évolution marquée par des défis et des métamorphoses significatives. Les controverses, telles que les pratiques pyramidales, ainsi que divers scandales, ont mis à l'épreuve la réputation de ce secteur d'activité. Cependant, ce secteur a également su embrasser des changements révolutionnaires qui ont fondamentalement remodelé son identité, le rendant plus robuste et adapté aux exigences modernes. Les acteurs de ce secteur, indépendamment de leur âge, ont dû faire preuve d'une adaptabilité remarquable, apprenant à tirer parti des nouvelles avenues offertes par internet, à maîtriser la puissance des médias sociaux et à explorer les potentialités émergentes de l'intelligence artificielle. Cette capacité à évoluer atteste de la résilience intrinsèque de l'activité MLM, une qualité qui a permis à certaines entreprises de perdurer et de prospérer, même après trois ou quatre décennies d'existence. Cet ouvrage plonge dans ces dynamiques changeantes, offrant un éclairage sur la manière dont le MLM s'est constamment réinventé pour rester pertinent et fructueux, reflétant ainsi la ténacité et l'innovation qui caractérisent ses membres les plus dévoués.

Des défis initiaux auxquels sont confrontés les nouveaux inscrits, en passant par les obstacles rencontrés à mi-carrière, jusqu'aux stratégies déployées par les leaders chevronnés, chaque étape du chemin vers le sommet est jalonnée de défis spécifiques à surmonter.

Cet ouvrage rassemble les faits et se veut le reflet de ces apprentissages.

Je ne prétends pas détenir le rôle de gourou, comme c'est souvent le cas dans notre domaine, mais plutôt celui d'un observateur privilégié, témoin direct des rouages internes de l'entreprise, des sessions de formation, et des interactions avec un éventail de personnalités remarquables rencontrées au fil des ans.

Ici, je partage avec vous des conseils pratiques, des astuces judicieuses et des compétences essentielles à développer à chaque étape de votre carrière dans le MLM. Chaque conseil est soigneusement adapté pour correspondre aux défis et opportunités uniques de chaque phase de votre parcours professionnel.

Ce livre a été méticuleusement structuré pour refléter le parcours évolutif au sein du marketing de réseau, débutant par l'étape fondamentale de l'inscription et progressant vers les sommets du leadership au sein d'une structure d'envergure. Pour faciliter la navigation et l'application des enseignements contenus, l'ouvrage se déploie en sections distinctes, chacune dédiée à une étape cruciale de ce voyage, et se subdivise en chapitres ciblant les défis spécifiques, les objectifs à atteindre et les écueils à éviter propres à chaque niveau.

Tout en dévoilant une palette de conseils avisés, d'astuces pragmatiques et de compétences incontournables au fil de ces pages, cet ouvrage aspire surtout à vous offrir des bénéfices tangibles et mesurables. Au-delà de la simple acquisition de connaissances, vous découvrirez comment affûter vos compétences de vente pour devenir plus persuasif, comment tisser un réseau professionnel robuste et fiable, et comment orchestrer avec brio la dynamique de votre équipe.

Chaque chapitre est conçu pour vous équiper des outils nécessaires pour exceller dans l'art du marketing de réseau, transformant chaque défi en une opportunité de croissance et chaque interaction en un pas de plus vers le sommet de votre carrière.

> ***Êtes-vous prêt à découvrir comment le MLM peut transformer votre vie professionnelle et personnelle ?***
>
> ***Ouvrez votre esprit, préparez-vous à apprendre et voyons ensemble comment le MLM peut, véritablement, devenir un levier puissant pour vos ambitions.***

CHAPTER 2: DÉBUTS DANS LE MLM : DE L'INSCRIPTION AU 1ER NIVEAU DE CARRIÈRE

Qu'est-ce que le MLM ?

Le Marketing de Réseau, ou *MLM* (Multi-Level Marketing), est une stratégie commerciale dans laquelle les vendeurs sont rémunérés non seulement pour les ventes qu'ils génèrent, mais aussi pour les ventes des vendeurs qu'ils recrutent, créant ainsi une structure de rémunération à plusieurs niveaux. Cette approche permet aux individus de bâtir leur propre entreprise au sein d'une entreprise plus grande en vendant des produits ou services et en parrainant de nouveaux membres.

Le MLM se distingue des modèles d'affaires traditionnels principalement par sa structure de rémunération et son approche de la distribution. Contrairement aux entreprises classiques où les revenus sont générés par des ventes en magasin ou en ligne à travers une chaîne de distribution fixe, le MLM s'appuie sur un réseau individuel de distributeurs indépendants et par le bouche-à-oreille. Ces distributeurs gagnent non seulement des commissions sur leurs ventes personnelles mais aussi sur les ventes réalisées par les membres qu'ils recrutent, créant ainsi un potentiel de revenu basé sur la performance de leur réseau grandissant.

La distinction entre MLM éthique et pratiques douteuses

Il est crucial de distinguer un MLM éthique des pratiques douteuses, comme les *schémas pyramidaux*, qui se concentrent principalement sur le recrutement de nouveaux membres plutôt que sur la vente de produits.

Un MLM légitime possède un produit ou service viable au cœur de son modèle d'affaires, avec des transactions claires et équitables. Vous pouvez accorder votre confiance aux entreprises qui se sont maintenues pendant plus d'une décennie. Cela témoigne d'une structure robuste et intègre qui persiste dans le temps.

Attention aux schémas pyramidaux qui promettent souvent des gains principalement à travers le recrutement sans que le recruteur ou sponsor soit actif, conduisant inévitablement à leur effondrement.

Il est important de souligner que les systèmes pyramidaux sont illégaux en Europe et dans de nombreux autres territoires. Contrairement au MLM légitime, où les revenus sont générés par la vente réelle de produits ou services, les systèmes pyramidaux reposent sur le recrutement de nouveaux membres pour financer les récompenses des niveaux supérieurs, sans se concentrer sur les ventes réelles. Cette distinction légale est cruciale pour comprendre et opérer dans le MLM de manière éthique et durable.

Dans l'univers complexe et souvent mal compris du marketing de réseau, la distinction entre les opportunités légitimes et les promesses fallacieuses est cruciale pour quiconque cherche à s'y engager. Ce livre vise à éclairer cette frontière parfois floue, en commençant par identifier les signaux d'alerte des propositions non éthiques qui pullulent dans le secteur.

Non aux promesses de Gains Rapides et Faciles

Le premier avertissement concerne les offres séduisantes promettant richesse et succès quasi immédiats avec un effort minimal. Il est essentiel de comprendre que le succès dans le MLM est le fruit d'un engagement soutenu et d'un travail acharné. Les propositions contraires devraient être accueillies avec scepticisme et prudence.

Non au pression à Acheter

Une autre pratique préoccupante est la pression exercée sur les distributeurs pour qu'ils investissent dans d'importants stocks de produits ou qu'ils effectuent des achats réguliers plus que nécessaire, et pour conserver leur statut actif au sein de l'organisation. Cette stratégie peut conduire à une situation où les distributeurs se retrouvent avec une quantité excessive de produits invendus, représentant un fardeau financier plutôt qu'une opportunité de revenu.

Non au manque de Transparence

L'opacité autour de la structure de rémunération, l'occultation des frais supplémentaires ou des politiques de remboursement ambiguës constituent des indices révélateurs d'une entreprise peut-être moins scrupuleuse. Les organisations MLM éthiques s'engagent à maintenir une transparence totale, permettant aux distributeurs et aux clients potentiels de prendre des décisions éclairées.

Non à la concentration sur le Recrutement

Enfin, un accent démesuré mis sur le recrutement de nouveaux membres, au détriment de la vente réelle de produits ou services, peut signaler un schéma pyramidal déguisé en opportunité MLM. Cette approche, centrée sur la croissance du réseau plutôt que sur la valeur du produit, devrait inciter à la vigilance.

Oui aux certifications et organismes

Dans ce contexte, il est essentiel de s'informer sur les engagements et les certifications de la société MLM auprès d'organismes reconnus dans le secteur de la vente directe.

Les fédérations et associations nationales et internationales de vente directe, telles que la DSA (Direct Selling Association) aux États-Unis ou la FVD (Fédération de la Vente Directe) en France, établissent des codes de conduite stricts pour leurs membres, assurant ainsi que les pratiques commerciales sont éthiques et transparentes. L'adhésion à de telles organisations et la conformité aux normes qu'elles imposent sont des indicateurs de la fiabilité et de la légitimité d'une entreprise MLM. Avant de s'engager, il est donc judicieux de vérifier si la société en question est membre de ces fédérations, ce qui peut offrir une couche supplémentaire de sécurité et de confiance aux potentiels distributeurs.

En abordant ces signaux d'alerte dès le départ, ce livre se propose de vous armer des connaissances nécessaires pour naviguer avec discernement dans le paysage du marketing de réseau, en séparant les grains de la paille et en reconnaissant les opportunités qui offrent une valeur réelle et éthique.

Les avantages et l'accessibilité du MLM

Le MLM offre une voie accessible pour entreprendre avec un investissement initial souvent minime, ce qui le rend attractif pour beaucoup. Cette faible barrière à l'entrée permet aux futurs entrepreneurs de démarrer leur propre business sans les coûts élevés associés à la création d'une entreprise traditionnelle.

Le MLM offre également la flexibilité de travailler à temps partiel ou plein, adaptant l'engagement à ses possibilités et objectifs.

Le MLM se distingue par son accessibilité, ne requérant pas de diplôme spécifique ou d'expérience professionnelle préalable. Cette caractéristique démocratique rend le MLM attrayant pour une large audience, incluant ceux qui cherchent à se réorienter professionnellement, à compléter leurs revenus, ou à entreprendre sans disposer de capitaux importants. La formation continue et le mentorat offerts par les entreprises MLM permettent à chaque membre, quel que soit son point de départ, de développer les compétences nécessaires pour réussir. Les entreprises de MLM ou leurs Leaders fournissent un système de soutien intégré, où la formation et le mentorat sont souvent disponibles pour aider les nouveaux membres à réussir.

La structure des réseaux en MLM

La *structure* des réseaux en *MLM* est souvent comparée à un arbre, où chaque membre peut recruter de nouveaux membres, qui à leur tour peuvent en recruter d'autres, et ainsi de suite. Cette hiérarchie est appelée "*downline*", et elle est cruciale dans le MLM car elle détermine en grande partie les gains des membres. La capacité à construire une downline solide et active est un facteur clé de succès dans le marketing de réseau.

Dans une entreprise traditionnelle, la structure est souvent verticale avec des niveaux hiérarchiques clairs, allant des employés de base aux cadres supérieurs et à la direction. Les revenus et promotions sont généralement basés sur la performance individuelle et les responsabilités assignées.

En revanche, dans le MLM, la structure ressemble davantage à un réseau ou à un système en toile, où chaque individu a la possibilité de bâtir sa propre équipe (downline) et de bénéficier des performances de cette équipe, promouvant ainsi un esprit d'entraide et de mentorat.

Les modèles de rémunération

Les modèles de rémunération en MLM varient d'une entreprise à l'autre mais suivent généralement deux schémas principaux : les commissions sur les ventes personnelles (ou achats personnels) et les commissions sur les ventes réalisées par la downline.

Certains systèmes incluent également des *bonus* pour le *recrutement*, la réalisation de certains *objectifs de vente*, ou l'atteinte de *niveaux de carrière* spécifiques au sein de la structure de l'entreprise.

Au-delà des gains monétaires, les entreprises MLM récompensent souvent leurs membres les plus performants avec des incitations supplémentaires telles que des voyages de luxe, des voitures, et d'autres prix significatifs. Ces récompenses servent non seulement de motivation supplémentaire mais renforcent également la culture d'entreprise et la fidélité à la marque. Ces avantages, souvent présentés dans les événements et les promotions, illustrent les succès possibles au sein du MLM, inspirant les membres à atteindre leurs propres objectifs.

Le maintien de la motivation et la gestion d'une équipe sont des défis courants dans le MLM. Pour les surmonter, il est crucial d'établir des objectifs clairs, de célébrer les petites victoires, et de fournir un soutien constant à votre équipe. La formation continue, les ateliers et les séminaires peuvent également jouer un rôle clé dans le développement des compétences et la motivation. Créer une culture d'équipe positive et inclusive où les succès de chacun sont reconnus peut également contribuer à surmonter ces obstacles.

Bien que le MLM ne soit pas une promesse de gain facile, il offre une opportunité unique de générer des *revenus passifs* à travers la construction et le maintien d'une downline productive.

Les revenus passifs représentent un véritable atout.
Contrairement à un emploi traditionnel où les revenus sont directement liés aux heures travaillées, dans le MLM, vous pouvez bénéficier des efforts cumulés de votre réseau, permettant potentiellement de générer des revenus même lorsque vous n'êtes pas activement en train de vendre ou de recruter.

Le concept des *revenus passifs* détient une place particulièrement privilégiée dans l'univers du marketing multi-niveaux (MLM), incarnant une promesse séduisante de prospérité à long terme. Ce qui distingue le MLM et rend cette source de revenus si attrayante, c'est la capacité unique de tirer parti de l'effort collectif - l'inertie générée par l'ensemble de votre structure, composée des équipes que vous avez soigneusement construites et développées.

Dans le cadre du MLM, ces revenus passifs se manifestent non seulement comme une récompense pour les ventes personnelles mais, de façon plus significative, comme une part des succès obtenus par les membres de votre réseau. Chaque transaction effectuée au sein de votre équipe, chaque nouveau membre recruté et chaque produit vendu par les individus de votre downline contribuent à votre revenu global, sans que vous ayez à intervenir directement. Cela crée une dynamique puissante où votre revenu peut potentiellement croître de manière exponentielle, alimenté par l'activité et l'expansion continues de votre réseau.

Ce phénomène illustre l'essence même de l'effet de levier dans le MLM : investir du temps et des efforts initiaux pour construire une fondation solide, qui ensuite, génère des retours continus. C'est cette possibilité de construire un flux de revenu durable et en expansion, souvent avec une implication décroissante au fil du temps, qui rend les revenus passifs dans le MLM particulièrement attractifs.

Il est crucial, cependant, d'aborder cette perspective avec réalisme et compréhension des défis inhérents au modèle MLM. La construction d'une telle structure exige dévouement, stratégie et, surtout, une éthique solide, pour garantir que le succès soit durable et bénéfique pour tous les membres impliqués. Dans cet esprit, les revenus passifs dans le MLM peuvent devenir une source de sécurité financière et de liberté, permettant une flexibilité et une indépendance sans précédent dans la manière de gérer son temps et sa vie professionnelle.

* * *

Le MLM pourquoi ?

Le MLM peut se révéler être une stratégie efficace pour générer des revenus supplémentaires dans diverses situations de vie. Voici quelques contextes où le MLM pourrait particulièrement s'avérer utile :

Réduire son temps de travail

Le MLM offre une flexibilité remarquable qui peut séduire ceux qui aspirent à alléger leur charge de travail traditionnelle. En adoptant une approche stratégique dans le MLM, il est possible de construire un revenu résiduel permettant de réduire progressivement le nombre d'heures consacrées à un emploi conventionnel, offrant ainsi plus de liberté pour les loisirs, la famille ou d'autres passions.

Les chômeurs à la recherche d'un revenu supplémentaire.

Pour ceux qui se retrouvent sans emploi, le MLM offre une opportunité de reconversion professionnelle sans les barrières habituelles à l'entrée telles que les exigences en matière de diplômes ou d'expérience professionnelle. Il permet une reprise rapide d'activité avec un investissement initial modeste, offrant une certaine autonomie ainsi qu'un potentiel de revenu basé sur l'effort personnel et la capacité à construire et à gérer une équipe.

Étudiants sans Bourse

Pour les étudiants qui n'ont pas accès à une bourse et qui cherchent à financer leurs études, le MLM représente une alternative intéressante pour générer des revenus. Grâce à sa flexibilité, le MLM permet aux étudiants de travailler selon leur propre emploi du temps, sans interférer avec leurs cours et leurs périodes d'examen. Cela peut aider à couvrir les frais de scolarité, les livres, le logement et d'autres dépenses, tout en offrant une expérience précieuse en matière de vente, de marketing et de gestion d'équipe, compétences utiles dans de nombreux domaines professionnels après l'obtention du diplôme.

Jeunes Mères

Les jeunes mères cherchant à concilier vie familiale et aspirations professionnelles peuvent trouver dans le MLM une flexibilité précieuse. Le MLM permet de travailler depuis la maison et d'ajuster les heures de travail à leur emploi du temps, ce qui est idéal pour s'occuper de jeunes enfants tout en construisant une affaire.

Retraite Limitée

Pour ceux qui font face à une retraite insuffisante, le MLM peut offrir un moyen d'améliorer leur situation financière sans l'engagement à temps plein d'un emploi salarié. Cela permet aux retraités de rester actifs, de maintenir des interactions sociales tout en augmentant leurs revenus.

Simplement en Complément de Revenu

Pour ceux qui cherchent simplement à compléter leur revenu principal, le MLM peut servir de source de revenus secondaire. Que ce soit pour économiser pour un objectif particulier, payer des dettes ou simplement pour avoir un peu plus de confort financier, le MLM offre une certaine flexibilité pour augmenter ses revenus en fonction de l'engagement que l'on souhaite y mettre.

Avez-vous déjà envisagé le MLM comme une solution à un défi

financier ou à une transition de vie ?
Quelles sont vos aspirations et comment le MLM pourrait-il vous aider à les réaliser ?

CHAPTER 3: PREMIERS PAS ET MISE EN PLACE DE VOTRE NOUVELLE ACTIVITÉ

Au seuil de cette aventure qu'est le marketing de réseau, votre décision de vous inscrire a probablement été guidée par l'enthousiasme et les promesses de votre sponsor. À ce moment initial, votre compréhension du MLM est encore embryonnaire, façonnée principalement par les perspectives alléchantes qu'on vous a décrites. Il est courant de se retrouver dans un flou, avec des informations parfois imprécises ou incomplètes, et de ressentir un mélange d'excitation et d'incertitude face à ce monde nouveau. Les éloges de votre sponsor à propos de la qualité exceptionnelle des produits ont suscité votre intérêt, et l'idée de générer un revenu supplémentaire ajoute à votre motivation. Les termes tels que "marge sur la vente", "bonus", et les allusions à des récompenses matérielles telles qu'une voiture, résonnent en vous comme des objectifs attrayants mais encore lointains. Ces premières impressions esquissent un tableau séduisant mais vous laissent dans l'expectative quant à la manière dont ces éléments pourront concrètement transformer votre quotidien.

Ces premières impressions troublantes sont normales !

Le MLM ne ressemble en rien à ce que vous connaissez...

Il est tout à fait naturel de se sentir déstabilisé par ces premières impressions dans le monde du marketing de réseau. Vous vous aventurez dans un territoire inconnu, où les règles du jeu diffèrent sensiblement de celles des environnements professionnels traditionnels auxquels vous pourriez être habitué.

Cette sensation d'étrangeté, ce sentiment que tout cela est radicalement différent de votre expérience passée, est une réaction courante chez ceux qui font leurs premiers pas dans le MLM.

Le modèle du marketing de réseau, avec sa structure unique de rémunération, ses stratégies de développement d'affaires basées sur la création d'une downline et l'accent mis sur le parrainage et la vente directe, représente une rupture avec les schémas professionnels classiques. Il n'est pas rare de se sentir un peu perdu face à cette nouvelle façon de concevoir le travail et le succès professionnel.

Néanmoins, il est important de se rappeler que chaque expert a un jour été débutant.

Votre voyage dans le MLM, bien qu'il puisse commencer par un mélange de confusion et d'excitation, est également l'occasion d'une croissance personnelle et professionnelle remarquable. En apprenant à naviguer dans ce nouveau paysage, en acquérant des compétences et en construisant votre réseau, vous commencerez progressivement à voir comment le MLM peut offrir des opportunités uniques non seulement pour réussir financièrement, mais aussi pour développer des relations enrichissantes et avoir un impact positif sur la vie des autres.

À cette étape initiale, il est crucial de transformer cet enthousiasme initial et ces concepts flous en une compréhension solide et en un plan d'action tangible. La transition de l'attrait initial pour les promesses du MLM à une appréciation réelle de son potentiel transformateur nécessite un apprentissage actif et un engagement personnel. Ce processus implique de démystifier les mécanismes de rémunération, de s'immerger dans la culture et les produits de l'entreprise, et surtout, de commencer à tracer votre propre voie dans l'univers du marketing de réseau.

L'après inscription

Maintenant que vous avez franchi le seuil de cette nouvelle aventure qu'est le marketing de réseau, il est crucial de prendre un moment pour vous immerger dans les ressources et documentations qui vous ont été fournies lors de votre inscription. Prenez le temps de vous asseoir, peut-être en compagnie de votre conjoint ou d'un proche de confiance, pour parcourir attentivement ces matériaux. Cette étape initiale d'orientation est fondamentale pour ancrer votre compréhension et votre engagement dans ce voyage.

Les documents que vous avez reçus ne sont pas de simples brochures ou manuels ; ils sont le cœur même de la culture de l'entreprise MLM avec laquelle vous vous engagez. Rédigés en collaboration entre l'entreprise elle-même, ses membres dévoués et ses leaders expérimentés, ces guides encapsulent les valeurs, les principes et les stratégies qui ont façonné le succès de l'entreprise. Ils serviront de boussole tout au long de votre parcours, vous aidant à naviguer à travers les défis et à saisir les opportunités.

Après vous être familiarisé avec ces matériaux essentiels, l'étape suivante consiste à organiser un second rendez-vous avec votre sponsor.

Retrouvez votre Sponsor pour rapidement en parler

Cette rencontre sera l'occasion de discuter de toutes les questions que la lecture de la documentation aura suscitées. Votre sponsor, fort de son expérience et de son expertise, pourra vous éclairer, dissiper vos doutes et enrichir votre compréhension du modèle MLM. Plus encore, ensemble, vous pourrez élaborer un "plan d'attaque" personnalisé, aligné sur vos objectifs personnels et ce que vous désirez accomplir dans cette nouvelle entreprise.

Conseil : Solliciter la présence du Leader lors de vos réunions initiales peut être une démarche très enrichissante. Les Leaders, grâce à leur vaste expérience et leur parcours accompli au sein du MLM, possèdent une profondeur de connaissances et une perspective unique sur ce qui fonctionne réellement dans la pratique. Leur expertise n'est pas seulement théorique ; elle est forgée à travers les années de mise en œuvre, d'adaptation et de surmontement des défis.

L'implication d'un Leader dans vos discussions initiales vous offre un avantage significatif. Vous aurez accès à des conseils éprouvés, des stratégies affinées et des insights pratiques qui peuvent accélérer votre progression et renforcer votre compréhension des principes fondamentaux du MLM. De plus, entendre les histoires de succès et les leçons apprises directement d'un Leader peut servir de source d'inspiration puissante et de motivation pour vous engager pleinement dans votre parcours MLM.

N'hésitez pas à exprimer ce souhait à votre sponsor. La plupart des organisations MLM valorisent l'entraide et le mentorat, et il est probable que votre sponsor et le Leader seront disposés à collaborer pour faciliter votre intégration et votre succès. Cette interaction précoce avec le Leader peut également vous aider à vous sentir plus connecté à la culture et aux valeurs de l'entreprise, renforçant votre sentiment d'appartenance et votre engagement envers votre nouvelle entreprise.

Ce processus d'apprentissage et de planification est fondamental. Il vous permet non seulement de démarrer sur des bases solides mais aussi de vous approprier pleinement votre rôle au sein du MLM, en vous préparant à construire votre succès avec intention et sagesse.

* * *

Astuces pour atteindre votre premier niveau de carrière

À ce stade vous avez rencontrée plusieurs fois votre sponsor, et Leader, et vous avez ensemble définit un plan pour vos débuts.

L'enthousiasme est à son comble n'est-ce pas ?

Prenez le temps de réfléchir aux implications de votre engagement dans le marketing de réseau est une étape cruciale. Cela va bien au-delà de la simple inscription ; c'est l'amorce d'une entreprise qui demande temps et organisation.

Votre installation

Voici quelques éléments fondamentaux à considérer pour poser les bases solides de votre activité MLM :

Allocation du Temps

Le MLM, bien qu'offrant flexibilité et autonomie, requiert un investissement en temps significatif pour porter ses fruits. Définissez clairement combien de temps vous pouvez et êtes prêt à consacrer à cette nouvelle activité.

Cela peut varier d'une poignée d'heures par semaine à un engagement à temps plein, selon vos objectifs et votre situation actuelle.

C'est vous qui définissez l'énergie et le temps que vous consacrez à cette activité. Cela déterminera la vitesse de votre succès !

L'établissement d'un emploi du temps dédié peut vous aider à rester discipliné et à garantir que vous consacrez suffisamment de temps à développer votre entreprise.

Création d'un Espace de Travail

L'installation d'un bureau chez soi est une étape concrète pour matérialiser votre engagement. Avoir un espace de travail dédié peut non seulement améliorer votre productivité mais aussi vous aider psychologiquement à prendre au sérieux votre activité MLM. Cet espace de travail est un élément essentiel pour réussir dans le MLM. Voici quelques idées pour optimiser cet espace et en faire un véritable moteur de votre succès :

Isolation pour la Concentration

Choisissez un coin de votre domicile où vous pouvez vous isoler, minimisant les interruptions et les bruits extérieurs. Un tel environnement est crucial pour les appels téléphoniques importants, où chaque interaction peut être déterminante. Une pièce à part, si vous en avez la possibilité, ou même un espace délimité dans une pièce plus grande, peut servir de sanctuaire pour votre concentration et votre productivité.

Au fil de ma carrière, j'ai fréquemment été témoin de situations où des bruits de fond, comme des enfants criants, perturbaient les appels, principalement parce que le bureau était situé dans un espace commun comme le salon. Ces distractions peuvent sérieusement compromettre le succès.

Affichage Visuel des Objectifs

Les murs de votre bureau à domicile ne sont pas de simples séparations physiques ; ils représentent un espace de vision et d'inspiration. Utilisez-les pour afficher vos objectifs sous forme visuelle, que ce soient des photos, des graphiques de progression ou des citations motivantes. Visualiser vos objectifs peut renforcer votre motivation et vous rappeler quotidiennement pourquoi vous vous engagez dans cette voie.

Un Vaisseau vers le Succès

Pensez à votre bureau non comme à un simple espace physique, mais comme à un véhicule vous menant vers vos ambitions. Chaque élément, du choix du bureau et de la chaise, qui devraient être ergonomiques et confortables, aux outils technologiques, doit être sélectionné pour maximiser votre efficacité et votre bien-être. Bien que vous deviez rester raisonnable dans vos investissements au début, le choix dans un bon équipement est un investissement dans votre succès futur. Pensez à l'occasion pour vous équiper, vous achèterez des outils modernes quand vos revenus seront suffisants.

En considérant votre bureau à domicile comme un catalyseur essentiel de votre réussite dans le MLM, vous créez les conditions propices à la réalisation de vos objectifs. C'est là que les stratégies sont élaborées, que les relations sont construites, et que les succès sont célébrés.

Équipement et Outils

Bien qu'au commencement de votre aventure, un simple ordinateur et un téléphone, même acquis d'occasion, puissent suffire à répondre à vos besoins immédiats, n'oubliez pas que ces outils sont le cœur de votre activité. Ils doivent être fiables et performants pour vous permettre de travailler avec efficacité et de communiquer sans entrave avec votre réseau.

S'équiper des bons outils peut s'avérer indispensable pour mener à bien votre activité MLM. Cela peut aller d'un ordinateur et une connexion Internet fiables à des logiciels spécifiques pour le suivi de votre réseau, la gestion de votre clientèle ou encore des outils de marketing digital. Investissez également dans votre formation en vous procurant des livres, des cours en ligne ou en participant à des séminaires liés au MLM et aux compétences entrepreneuriales. En vous engageant pleinement et en mettant en place une structure solide pour votre activité selon votre budget, vous augmentez vos chances de réussite dans le MLM. Prendre ces premiers pas de manière réfléchie vous permettra de construire une entreprise durable qui reflète vos ambitions et vos valeurs.

CHAPTER 4: EN ROUTE VERS LE NIVEAU DE MANAGER

Place à l'action

Avec un plan bien défini et un espace de travail optimal en place, l'heure est venue de passer à l'action. Une étape cruciale pour maintenir votre dynamique est de garder en permanence sous les yeux la raison fondamentale qui vous a incité à entreprendre cette aventure.

L'exposition claire et visible de votre "pourquoi" – cette motivation profonde et personnelle qui sous-tend votre implication dans le MLM – se manifeste comme un puissant moteur de persévérance, un rappel constant qui vous pousse à surmonter les obstacles et les périodes de doute.

Votre "Pourquoi" : Le Cœur de Votre Motivation

Ce "pourquoi" représente bien plus qu'un simple objectif ; il incarne l'essence de votre engagement. Il peut s'agir de l'aspiration à financer vos études, de l'envie de réduire vos heures de travail pour profiter pleinement de moments avec vos enfants, ou du désir d'assurer une retraite paisible et enrichissante. Quelle que soit votre motivation, elle est légitime et doit être clairement définie.

Affichez cette raison – votre moteur et mantra personnels – dans votre espace de travail, sur votre mur.

Elle sera le phare qui vous guidera à travers les tempêtes, vous rappelant pourquoi vous avez choisi cette voie chaque fois que le doute s'installe ou que la motivation fléchit.

Demandez-vous : "Pourquoi ai-je choisi cette activité ? Qu'est-ce qui me pousse à avancer ?" Que ce soit pour des raisons financières, familiales ou personnelles, votre "pourquoi" est la clé qui déverrouille votre persévérance et alimente votre passion.

Gardez-le toujours en vue, et laissez-le vous inspirer jour après jour sur votre chemin vers le succès.

Voici pour vous quelques exercices pour définir et trouver votre « pourquoi » :

Exercice 1 : **La Lettre à Moi-même**

Écrivez une lettre à vous-même, telle que vous la liriez dans cinq ans. Dans cette lettre, décrivez où vous souhaitez être dans votre vie personnelle et professionnelle, en mettant l'accent sur vos réussites dans le MLM. Soyez aussi détaillé que possible. Qu'est-ce qui vous a poussé à atteindre ces objectifs ? Quelles étaient vos motivations profondes ?

Exercice 2 : **Le Tableau de Vision**

Créez un tableau de vision qui représente votre "pourquoi". Utilisez des magazines, des impressions internet ou des dessins pour composer un collage visuel de vos aspirations, de vos rêves et des raisons qui vous poussent à vous engager dans le MLM. Une fois terminé, placez votre tableau quelque part où vous pourrez le voir tous les jours.

Exercice 3 : **L'Arbre de Vie MLM**

Dessinez un arbre dont chaque branche représente un domaine différent de votre vie que vous souhaitez voir croître grâce au MLM (par exemple, développement personnel, finances, famille, loisirs, etc.). Sur chaque branche, notez des objectifs spécifiques que vous espérez atteindre dans ce domaine grâce à votre succès en MLM. Utilisez les racines pour inscrire vos valeurs fondamentales qui soutiennent ces aspirations.

Exercice 4 : **La Cartographie des Émotions**

Sur une feuille de papier, dessinez deux colonnes. Dans la première colonne, écrivez les émotions ou sentiments que vous ressentez actuellement dans votre vie professionnelle ou personnelle qui vous poussent vers le MLM (par exemple, insatisfaction, besoin de changement, recherche de sens). Dans la deuxième colonne, notez les émotions ou sentiments que vous souhaitez ressentir grâce à votre réussite en MLM (par exemple, accomplissement, liberté, sécurité). Cet exercice vise à établir un lien émotionnel entre votre situation actuelle et vos aspirations futures.

Questions de Réflexion :

Qu'est-ce qui vous rend vraiment heureux et comment le MLM peut contribuer à cela ?

Quels sont les plus grands défis auxquels vous faites face actuellement et comment le succès dans le MLM peut-il vous aider à les surmonter ?

Imaginez votre journée idéale dans cinq ans. Comment le MLM s'intègre-t-il dans cette vision ?

Pensez à une réussite récente. Qu'est-ce qui vous a motivé à l'atteindre ? Comment ces motivations peuvent-elles s'appliquer à votre parcours MLM ?

Quels sont les aspects de votre vie que vous souhaitez améliorer grâce au MLM ? Finances ? Liberté ? Relations ? Développement personnel ?

Excellent !
Vous avez maintenant trouvé un sens à votre vie.

Développer Votre Expertise et Votre Réseau

Maintenant que vous êtes intégré dans le monde du MLM, il est temps de concentrer votre attention sur deux piliers essentiels : la maîtrise de vos produits et l'expansion de votre réseau de prospects.

Maîtriser Vos Produits

Les produits que vous avez choisis lors de votre inscription ne sont pas seulement des articles que vous allez vendre ; ils sont l'essence de votre entreprise MLM. Que ces produits aient été recommandés par votre sponsor ou qu'ils vous aient personnellement séduit, il est crucial de les connaître intimement.

Découverte et Expérimentation

Au début, concentrez-vous sur les produits les plus populaires. Votre Leader peut vous former spécifiquement sur ces articles vedettes.

Prenez le temps d'explorer chaque produit, d'en comprendre les caractéristiques, les avantages et les applications. Utilisez-les vous-même pour pouvoir partager des témoignages authentiques et personnels.

Une facette souvent sous-estimée mais essentielle du marketing de réseau réside dans les ressources éducatives que les sociétés de MLM mettent à disposition de leurs distributeurs. Ces outils, qu'ils soient numériques ou imprimés, jouent un rôle crucial en offrant non seulement une compréhension approfondie des produits et services, mais aussi en inculquant les meilleures pratiques et stratégies commerciales inhérentes au succès dans ce domaine.

Ces ressources, fournies par l'entreprise, vont au-delà de simples catalogues de produits ou de brochures promotionnelles. Elles englobent souvent des modules de formation détaillés, des webinaires, des séminaires et des guides pas à pas, conçus pour équiper les distributeurs avec une connaissance approfondie et une expertise tactique. Elles servent à établir une base solide sur laquelle les distributeurs peuvent construire leur activité, en leur permettant de comprendre non seulement ce qu'ils vendent, mais aussi comment le vendre efficacement tout en adhérant aux principes éthiques du MLM.

La présence et la qualité de ces ressources éducatives sont indicatives de l'engagement d'une société de MLM envers le succès et le développement de ses distributeurs. Une entreprise qui investit dans l'éducation de ses membres démontre une volonté de cultiver un réseau de professionnels informés et compétents, capables non seulement de promouvoir les produits avec intégrité, mais aussi d'accompagner et de former les nouveaux venus dans le respect des valeurs de l'entreprise.

Le recrutement réussi repose sur la passion : montrez votre amour pour les produits et vos prospects seront convaincus et vous accorderont leur confiance.

L'Authenticité avant Tout !

Devenir Expert
Votre maîtrise approfondie des articles que vous commercialisez vous établit en tant que référence incontestable, tout en consolidant votre assurance au moment de les exposer à vos prospects. Cela se révèle essentiel, car une présentation assurée et documentée suscite la crédibilité et la confiance, des atouts de poids dans la conversion de vos interlocuteurs en clients fidèles.

L'Affaire MLM elle-même
Rappelez-vous, l'opportunité d'affaires présentée par le MLM n'est pas simplement une voie vers un profit personnel, mais elle représente également un "produit" attrayant que vous proposez. Vos prospects ne se laissent pas uniquement séduire par les articles de qualité que vous mettez en avant, mais ils sont également captivés par la perspective de forger leur propre succès à travers le MLM. Ils aspirent à créer une entreprise florissante, à l'image de celle que vous leur démontrez, et ce désir de réussite est un levier puissant que vous pouvez actionner.

Identifier les Prospects
Chaque personne que vous croisez, que ce soit un ami proche, un membre éloigné de votre famille, un collègue de travail ou même une connaissance que vous ne voyez qu'épisodiquement, pourrait potentiellement devenir un client précieux. Ils ne sont pas uniquement des prospects pour les produits de haute qualité que vous promouvez, mais également pour l'opportunité exceptionnelle de s'engager dans l'aventure du MLM. C'est une chance à ne pas négliger, une occasion de s'élever ensemble et de partager le chemin vers la réussite.

Élargir Votre Vue
Prenez le temps de réfléchir à chaque personne qui fait partie de votre cercle social, qu'il s'agisse de vos amis de longue date, de vos proches parents, de vos associés au travail ou même de

ces connaissances que vous côtoyez seulement de temps à autre. Considérez-les non seulement comme des connaissances mais aussi comme des prospects potentiels. Il se pourrait bien que parmi eux, certains soient à la recherche de produits de qualité supérieure ou aspirant à découvrir une opportunité d'affaires aussi enrichissante que celle que vous proposez.

Constituer Votre Liste Fondatrice de Prospects
L'élaboration de votre première liste de prospects constitue une étape fondamentale dans votre parcours MLM. Cette liste, semblable à une précieuse carte au trésor, dessine le parcours qui vous mènera vers des échanges initiaux empreints de sens et, avec un peu de persévérance et de savoir-faire, vers vos premières victoires.

L'Ampleur de la Liste
Quantité Importante : Votre liste initiale devrait regrouper au moins 100 noms d'individus. Ce nombre peut sembler élevé, mais il reflète l'abondance d'opportunités qui vous entourent. Chaque nom ajouté à cette liste représente une conversation future, une relation à approfondir, une possible collaboration.

Pas de Filtre
Inclusivité : Lors de cette première compilation, évitez tout jugement ou présélection. Ne sous-estimez pas le potentiel de chaque individu, quelle que soit sa situation actuelle ou sa relation avec vous. Anciens collègues, membres de la famille, amis d'enfance, connaissances récentes ; chacun mérite d'être considéré.

Chaque Contact Compte
Potentiel de Chaque Rencontre : Derrière chaque nom se cache un potentiel inexploré. Certaines de ces personnes pourraient être à la recherche de l'opportunité que vous leur offrez sans même le savoir. D'autres pourraient être attirées par les produits eux-mêmes, ou simplement par l'envie de soutenir votre nouvelle entreprise.

Alignement avec Votre "Pourquoi"

Connection Personnelle : Chaque personne que vous ajoutez à votre liste vous rapproche un peu plus de votre "Pourquoi". Que ce soit pour atteindre l'indépendance financière, améliorer votre qualité de vie, ou réaliser un rêve de longue date, chaque prospect est une marche sur l'escalier menant à votre objectif ultime.

L'Envol de Votre Entreprise MLM

L'anticipation monte : votre liste de contacts est prête et vous avez acquis une parfaite maîtrise des produits vedettes. Le moment est venu pour votre entreprise MLM de prendre son envol. Mais avant de vous lancer dans cette aventure palpitante, un dernier préparatif s'impose : la perfection de vos premiers appels.

La Préparation des Premiers Appels

La Maîtrise du Script : Ces premières conversations sont cruciales. Elles posent les fondations de vos futures relations et peuvent déterminer le ton de votre parcours dans le MLM. Prenez le temps de peaufiner votre approche avec votre Leader et sponsor, d'anticiper les questions possibles et de préparer des réponses convaincantes.

L'Importance de l'Entraînement

Le Rôle du Sponsor et du Leader : Votre sponsor, et idéalement votre Leader, sont vos meilleurs alliés pour cet exercice préparatoire. Leur expérience et leur savoir-faire sont des ressources inestimables pour vous. Entraînez-vous avec eux pour affiner votre discours et adopter les meilleures techniques de communication.

Recevoir et Appliquer les Conseils

Les Trucs et Astuces : Ils vous partageront les "b.a.-ba", les stratégies gagnantes et les astuces qui font la différence. Leur soutien vous aidera à aborder ces premiers appels avec assurance et professionnalisme, renforçant ainsi votre crédibilité auprès de vos prospects.

S'Inspirer de Leur Parcours : Souvenez-vous, votre sponsor et votre Leader ont eux aussi été des débutants. Leurs premiers appels, leurs premiers défis, ils les ont surmontés pour arriver là où ils sont aujourd'hui. Leur parcours est une source d'inspiration et un rappel que le succès est à portée de main, étape par étape.

Vous sortez de votre zone de confort

Explorer des territoires inconnus : L'immersion dans le MLM marque souvent un tournant, vous propulsant au-delà des frontières de votre confort habituel. Cette aventure, bien que jalonnée d'incertitudes et de moments de doute, est un passage incontournable pour s'initier véritablement à cette sphère d'activité. Les premiers pas peuvent sembler maladroits, émaillés d'erreurs et de questionnements, mais c'est dans cette vulnérabilité que réside l'opportunité d'apprendre et de grandir.

Chaque obstacle franchi, aussi petit soit-il, constitue une victoire en soi, un jalon sur le chemin de la maîtrise. Les sensations d'inconfort et d'insécurité qui vous accompagnent au départ sont le signe que vous évoluez, que vous vous étirez au-delà de vos limites préétablies pour embrasser de nouveaux défis.

Il est naturel de se sentir déstabilisé durant cette phase initiale d'exploration. Cependant, c'est en persévérant, là où tant d'autres renoncent, que vous forgez votre croissance et sculptez votre chemin vers le succès. Chaque pas en avant, même timide, est un pas vers la conquête de vos aspirations et la consolidation de votre expertise dans le domaine du MLM.

Script Amélioré pour Vos Premiers Appels

L'objectif est de susciter l'intérêt de votre interlocuteur sans en révéler trop dès le départ.

L'objectif principal de ces appels est de transformer chaque conversation en une opportunité de rendez-vous de qualité. Ces moments en face-à-face seront votre scène pour partager avec passion votre activité et explorer comment votre interlocuteur pourrait s'y intégrer et bénéficier de cette aventure. Il est crucial de susciter l'intérêt et la curiosité sans tout dévoiler d'emblée. En révélant trop d'informations au téléphone, vous risquez de préjuger de leur décision et potentiellement de les dissuader. La clé est d'éveiller leur curiosité suffisamment pour qu'ils désirent en savoir plus lors d'un rendez-vous en personne.

Voici une des multitudes approches possibles :

Introduction Chaleureuse

Vous : "Salut Marc ! Comment ça va de ton côté ?"

Marc : "Ça va bien, merci. Et toi ?"

Vous : "Super, merci ! Je suis sur un petit nuage en ce moment avec un projet passionnant que je viens de lancer. Et toi, des nouveautés ?"

Créer une Connexion

(Soyez sincèrement intéressé par Marc et amenez-le à partager.)

Vous : "J'ai vu sur les media sociaux que tu as passé de super vacances ! Ça avait l'air génial. Comment ça se passe au travail ? Et la famille ?"

Susciter la Curiosité

(Quand Marc demande ce que vous faites, gardez une part de mystère.)

Marc : "Et ton projet alors, c'est quoi ?"

Vous : "C'est un peu spécial, je préfère en discuter de vive voix. Que dirais-tu d'un café vendredi pour en parler ? Ça te va ?"

Marc : "Oui, ça marche. Mais tu peux me donner un indice ?"

Vous : "Disons juste que c'est une opportunité qui pourrait intéresser pas mal de gens. Je t'apporte tous les détails vendredi !"

Conclure avec Enthousiasme

(Maintenez l'intérêt de Marc sans en dire trop.)

Vous : "Parfait, j'ai hâte de te voir et d'en discuter. Ça sera sympa de se revoir de toute façon. À vendredi !"

Les rendez-vous

À l'approche du jour J, n'oubliez pas de confirmer votre rencontre avec Marc. Un rappel amical peut non seulement renforcer l'engagement mais aussi ouvrir la porte à une implication familiale.

Suggérez-lui d'inviter sa femme à se joindre à vous. Les décisions d'importance, surtout celles qui touchent à l'avenir et aux aspirations d'un couple, se prennent mieux à deux. Cela garantit non seulement une compréhension mutuelle mais évite aussi toute contestation future sur les fondements de l'activité proposée.

La préparation et l'entraînement sont essentiels pour que vos rendez-vous en face-à-face soient fructueux. Travailler avec votre sponsor et leader peut grandement augmenter vos chances de succès. Voici un script raffiné pour un rendez-vous :

Script pour un Rendez-vous MLM

Accueil Chaleureux

Vous : "Salut Marc, quelle joie de te voir ! Isabelle, ravie que tu sois là aussi."

Créer un Lien

(Engagez la conversation sur des sujets légers, continuez à poser des questions pour glaner des informations qui renforceront votre présentation.)

Vous : "Comment s'est passée votre semaine ? Marc, tu m'avais mentionné ce projet au travail, comment ça évolue ?"

Introduire Votre Activité

Vous : "Comme je te l'avais brièvement dit, j'ai lancé une nouvelle activité récemment. J'étais à un point où je ne supportais plus la pression de mon job actuel. Mon but ? Travailler moins, vivre plus. C'était crucial pour moi..."

Partagez Votre "Pourquoi"

(C'est le moment d'être transparent sur ce qui vous motive réellement.)

Vous : "...et puis, j'ai découvert cette entreprise incroyable qui recherche des personnes motivées. Je me suis dit que c'était fait pour moi, et Marc, je suis convaincu que ça te correspondrait aussi. Cela commence déjà à transformer ma vie. Je suis sur le point de réaliser mon premier objectif, de réduire mes heures de travail."

Faire le Lien avec les Aspirations de Marc

Vous : "Marc, tu me disais vouloir aussi alléger ton emploi du temps. Je pense sincèrement que ce que j'ai à te proposer pourrait t'intéresser. Laisse-moi te présenter ce que ma nouvelle activité et les avantages qu'elle offre..."

Lors de votre présentation, veillez à personnaliser votre discours en fonction des aspirations de Marc et d'Isabelle, tout en restant fidèle à votre expérience personnelle. Cela rendra votre proposition plus pertinente et attrayante pour eux.

Rappelez-vous, en présentant cette opportunité à Marc, vous lui offrez la possibilité de transformer sa vie, tout comme vous avez saisi la vôtre. C'est bien plus qu'une simple proposition d'affaires ou de produits à la vente ; c'est un véritable cadeau, une porte ouverte vers de nouvelles perspectives et un avenir prometteur.

Dans ma carrière, j'ai pu découvrir des tonnes de scripts ou de savoir-faire pour ces appels téléphoniques et ces rendez-vous.

Que cela soit par téléphone, email, sur les media sociaux, la clé est de présenter l'affaire en personne. Un point important à considérer est que les réunions en personne permettent une connexion plus personnelle qui ne peut pas être répliquée par visioconférence. Les participants aux réunions en personne peuvent lire le langage corporel, le ton de la voix et les expressions faciales plus facilement, ce qui peut aider à construire des relations plus fortes et favoriser un engagement accru, une meilleure collaboration et une créativité améliorée. En revanche, la visioconférence peut parfois limiter ces aspects, rendant potentiellement plus difficile la transmission et l'interprétation complètes des émotions.

Gérer l'échec est un atout précieux

Effectivement, il faut se rappeler que le succès lors de ces rendez-vous n'est pas systématique et que seul le temps, accompagné d'un entraînement régulier, peut augmenter vos chances de réussite. Dans le processus de prise de rendez-vous par téléphone, il est courant d'entendre des refus ou des "je ne suis pas disponible pour le moment". Il est également fréquent de voir des rendez-vous être reportés ou annulés.

Il est crucial de comprendre que le refus n'est pas synonyme d'échec. Chaque personne qui décline votre offre manque une opportunité, mais c'est son droit de choisir. Un refus aujourd'hui pourrait très bien se transformer en acceptation demain. Il est donc judicieux de garder le contact sur votre liste et de tenter de le recontacter après quelques mois. Les circonstances de la personne peuvent changer, rendant l'opportunité que vous proposez plus attrayante à l'avenir.

La fréquence des refus est en quelque sorte un indicateur de votre détermination à réussir.

Derrière une série de refus se cache une probabilité croissante d'obtenir un "oui".

Et chaque "oui" obtenu vous rapproche un peu plus de votre objectif. Cette persévérance face aux refus est une qualité essentielle dans le domaine du marketing de réseau et est souvent ce qui distingue les personnes qui réussissent de celles qui abandonnent trop tôt.

Le démarrage après quelques semaines

Vous voilà engagé depuis près d'une semaine ou deux dans cette aventure passionnante. Entre la phase d'installation, les multiples échanges avec votre sponsor et votre Leader pour maîtriser l'art du parrainage, vous avez franchi les premiers pas essentiels. Il est probable que vous ayez déjà rencontré quelques refus, entendu des "non" fermes, mais peut-être aussi savouré un ou deux "oui" encourageants. C'est le moment où tout commence réellement, où votre parcours dans cette activité prend son véritable élan.

Certes, les rouages de l'activité ne vous sont pas tous familiers et la perfection semble encore à portée de main, mais vous avez acquis un socle solide de compétences et de connaissances qui constituent la base indispensable pour propulser votre entreprise MLM vers de nouveaux horizons, vers un succès que vous commencez à entrevoir.

La compréhension des produits, la capacité à identifier les prospects potentiels dans votre répertoire téléphonique, l'art de passer un appel convaincant, l'organisation de rendez-vous productifs et la concrétisation des inscriptions constituent les piliers sur lesquels repose la génération de revenus dans le MLM. Cette suite d'actions, une fois maîtrisée et répétée, forge le socle de votre succès dans cette aventure entrepreneuriale.

Définissez vos ambitions
La clarté de votre "pourquoi", la raison profonde qui vous pousse à embrasser cette activité, est probablement déjà affichée sur le mur de votre bureau, vous rappelant chaque jour votre motivation première. Il devient essentiel à présent de formaliser vos objectifs à court terme.

Ces premières cibles, que vous vous fixez pour les mois initiaux, doivent rester accessibles, conçues pour maintenir votre élan (Momentum). Que ce soit en termes de nombre d'appels à passer chaque semaine, de rendez-vous à organiser, ou encore de compléter votre première liste de prospects, chaque petit succès compte et contribue à entretenir votre motivation.

N'oubliez pas de vous octroyer une récompense à chaque fois que vous franchissez une de ces étapes. Cette pratique de l'auto-récompense pour la réalisation de vos objectifs sert de moteur à votre persévérance et à votre engagement dans le développement de votre activité MLM.

Maîtrisez les fondamentaux du plan de compensation.
À ce stade de votre parcours, il n'est pas impératif de maîtriser chaque détail complexe du plan de compensation, mais il est crucial de comprendre les éléments de base qui s'appliquent à votre niveau actuel et aux étapes immédiatement supérieures. Cette compréhension vous permettra de formuler une stratégie efficace, en tirant parti des incitations financières et des bonus prévus dans le plan.

Pour enrichir votre compréhension, il est judicieux de rechercher le soutien et les conseils de votre Leader. Ce mentor, fort de son expérience, pourra vous guider à travers les subtilités du plan et vous apporter un éclairage précieux sur les meilleures stratégies à adopter pour progresser. N'hésitez donc pas à solliciter son accompagnement, car c'est en forgeant que l'on devient forgeron, et l'apprentissage aux côtés d'un expert peut s'avérer être un atout considérable dans votre parcours.

Aspirez à faire partie des 20% de membres les plus chanceux et prospères !

Les initiatives de la compagnie de MLM incluent souvent des concours et des incitations destinés à récompenser les membres qui atteignent rapidement les premiers échelons. Il se peut également que votre Leader ait mis en place des challenges spécifiques pour son équipe, à laquelle vous appartenez. Prenez le temps de vous informer sur ces opportunités et engagez-vous à relever ces défis. Participer activement à ces initiatives peut non seulement accélérer votre progression, mais également renforcer votre sentiment d'appartenance au sein de votre équipe et stimuler votre motivation.

Pour une société MLM, il est crucial que le plus grand nombre de ses membres franchissent les premières étapes avec succès. En effet, il n'est pas rare que **seulement 2 personnes sur 10 restent actives après cette phase initiale**. Ce phénomène peut être attribué à divers défis rencontrés par les nouveaux venus, notamment le développement d'un réseau, la maîtrise du modèle économique de l'entreprise et l'adaptation aux impératifs de vente et de recrutement.

Les taux d'abandon, varient significativement d'une entreprise à l'autre et sont influencés par plusieurs facteurs. Ces chiffres soulignent les obstacles rencontrés par les membres qui peinent à voir des résultats rapidement ou à s'ajuster aux exigences souvent rigoureuses du marketing de réseau.

Leurs taux d'abandon particulièrement élevés dans les premiers mois, souvent cités sont au-delà de 80% (Les chiffres du marketing de réseau., s.d.). Cette statistique alarmante révèle les défis substantiels auxquels sont confrontés les participants nouvellement inscrits, notamment la difficulté à naviguer dans le rejet fréquent de leurs réseaux personnels, un obstacle majeur menant à l'abandon précoce dans le secteur.

Cependant, il est essentiel de reconnaître que, malgré cette forte probabilité d'échec initial, l'industrie du MLM a également été le terreau de succès remarquables.

> ***Les études indiquent que parmi ceux qui persévèrent et maintiennent leur engagement sur une durée de 5 ans, une grande majorité atteint un niveau de prospérité considérable.***
> *(Réussir en MLM en 5 ans ? Découvrez le Plan Quinquennal !, s.d.)*

Cette dichotomie met en évidence le caractère polarisé du MLM, oscillant entre un taux de défection élevé pour les novices et des opportunités de succès financier significatif pour les endurants. Ce contraste souligne la complexité du modèle d'affaires MLM, où le chemin vers le succès est jonché d'obstacles, mais où la persévérance peut mener à des récompenses exceptionnelles.

La persévérance face à ces défis est essentielle, mais elle est également fonction du soutien, de la formation et des motivations fournies par l'entreprise MLM et la communauté de membres elle-même.

Vous n'êtes pas seul !
L'Essence du Soutien dans le MLM

Le marketing de réseau, par sa structure même, est fondé sur le principe de collaboration et d'entraide. Que vous soyez un nouvel inscrit ou un Leader chevronné, le soutien que vous recevez et que vous offrez au sein de votre réseau est le pilier de votre réussite.

Le Rôle du Sponsor

Votre sponsor est souvent votre premier point de contact dans le monde du MLM et joue un rôle crucial dans votre intégration et votre développement initial. Un bon sponsor ne se contente pas de vous recruter ; il vous guide, vous forme et vous soutient à travers les premières étapes et les défis. Il est votre mentor personnel, veillant à ce que vous compreniez les produits, le plan de compensation et les meilleures pratiques pour construire votre réseau.

L'Impact du Leader

Au-delà de votre sponsor, les leaders au sein de l'entreprise

MLM représentent des sources d'inspiration et de sagesse. Leur expérience, leurs stratégies et leurs histoires de succès sont des ressources inestimables pour votre propre parcours. Participer à des séminaires, des webinaires ou des réunions dirigées par ces leaders peut vous fournir des insights et des motivations supplémentaires pour poursuivre vos objectifs.

La Force de la Communauté MLM

La communauté MLM dans son ensemble est un réseau vibrant d'entraide et de partage de connaissances. S'engager avec cette communauté, que ce soit par des groupes en ligne, des forums ou des événements, vous permet de vous sentir connecté à une cause plus grande. Ces interactions favorisent un sentiment d'appartenance et peuvent être une source constante de soutien, d'échange d'idées et d'encouragement mutuel.

Checklist

- Réfléchissez à votre "Pourquoi" : Qu'est-ce qui vous motive à vous lancer dans le MLM ?
- Comprenez les fondamentaux du MLM : Avez-vous saisi la structure et le modèle de rémunération du MLM ?
- Identifiez les produits phares : Connaissez-vous bien les produits vedettes de votre entreprise MLM ?
- Établissez votre espace de travail : Avez-vous aménagé un espace dédié à votre activité MLM ?
- Préparez votre liste de prospects : Avez-vous listé au moins 100 contacts potentiels ?
- Planifiez vos premiers appels : Êtes-vous prêt à effectuer vos premiers appels de recrutement ?
- Anticipez les refus : Êtes-vous préparé mentalement à gérer les "non" et à les voir comme des opportunités futures ?
- Cherchez du soutien : Avez-vous établi une relation de mentorat avec votre sponsor ou un leader ?
- Pratiquez l'authenticité et la passion : Êtes-vous prêt à partager votre enthousiasme pour le MLM de manière authentique ?
- Engagez-vous dans l'apprentissage continu : Êtes-vous disposé à

apprendre et à vous améliorer constamment ?

Cette check-list est conçue pour s'assurer que vous avez les bases nécessaires pour avancer sereinement dans votre parcours MLM, en abordant chaque aspect crucial abordé dans ce premier chapitre.

CHAPTER 5: JEUNE MANAGER D'ÉQUIPE

Félicitations, vous avez franchi un cap significatif ! Après de nombreux appels et l'exploration de votre première liste de prospects, vous avez réussi à fidéliser une vingtaine de clients réguliers. C'est un accomplissement notable.

Au sein de ce groupe, probablement deux ou trois personnes montrent peut-être l'envie de suivre votre exemple et de se lancer à leur tour dans cette aventure.

Voici donc votre première équipe : un petit groupe de membres enthousiastes et de clients fidèles.

Votre role de Manager d'équipe

Vous endossez désormais le rôle d'un *Manager* d'une petite équipe, un tournant majeur dans votre parcours MLM.

C'est le moment idéal pour enrichir votre arsenal de compétences. Le leadership, la gestion d'équipe, la formation et le mentorat deviennent essentiels à développer. Vous devez non seulement maintenir votre dynamique de vente mais aussi soutenir et inspirer votre équipe à réaliser ses propres succès.

L'expansion est à l'horizon. Poursuivre sur cette lancée implique d'élargir votre réseau, de peaufiner votre stratégie de recrutement et de renforcer l'engagement de votre équipe. Cela nécessite une planification stratégique, un accompagnement constant de vos membres et l'instauration d'une culture de réussite collective.

Alors que vous avancez dans votre parcours MLM et que vous commencez à construire votre équipe, il est crucial de réévaluer et d'adapter votre approche pour répondre aux nouveaux défis et opportunités.

Il est important de discuter de ces aspects avec votre Leader. Étant donné que vous êtes encore novice dans ce domaine, bénéficier de son expérience vous aidera à affiner votre programme et à prendre les bonnes décisions.

L'organisation que vous établissez actuellement servira de fondation tout au long de votre parcours professionnel et sera adoptée par vos lignées inférieures appelées Downlines. Il est donc essentiel de consacrer du temps à sa conception optimale, tout en intégrant les recommandations de votre Leader pour une efficacité maximale.

Et le parrainage dans tout ça ?

En tant que Manager d'une équipe, quelle que soit sa taille, il est essentiel de ne jamais perdre de vue l'importance cruciale du parrainage. La construction et le développement de votre réseau restent les pierres angulaires de votre succès dans l'univers du MLM.

Le parrainage, plus qu'une simple activité, est l'épine dorsale qui soutient l'ensemble de votre entreprise MLM.

Il ne s'agit pas uniquement d'ajouter des membres à votre équipe, mais de forger des relations durables, de transmettre des connaissances et de cultiver un environnement propice à la croissance personnelle et professionnelle de chaque membre.

Comment vous organiser

Il est impératif que vous affiniez votre gestion du temps et de vos ressources pour créer un terreau fertile où votre activité pourra s'épanouir et se multiplier. Cela passe par une planification méticuleuse et une coordination sans faille avec votre équipe, pour que chaque action entreprise soit un pas de plus vers l'élargissement de votre réseau.

En dialoguant avec votre sponsor et votre Leader, prenez le temps de réévaluer votre organisation personnelle ainsi que le temps que vous consacrez à votre activité MLM. Il est probable que les deux heures par semaine ne suffisent plus.

Cette introspection est essentielle pour s'assurer que votre engagement dans le MLM puisse s'adapter et se développer en réponse aux exigences croissantes de votre entreprise.

Voici quelques étapes à considérer :

Analyse du Temps Actuel

Examinez comment vous allouez votre temps à différentes activités MLM. Identifiez les domaines où vous êtes le plus productif ainsi que ceux nécessitant plus d'attention ou une réduction du temps investi.

À mesure que votre rôle évolue de membre individuel à manageur d'équipe, le temps que vous consacrez à votre activité MLM doit être ajusté. Réfléchissez à la façon dont vous pouvez redistribuer vos heures pour optimiser la gestion de votre équipe tout en maintenant votre propre développement.

Gardez en tête que votre priorité à ce stade est de continuer le recrutement de nouveaux membres. Concentrez vos efforts et ressources sur cet objectif.

Planification Stratégique

Établissez des plages horaires dédiées à différentes facettes de votre activité, telles que le recrutement, la formation, les ventes personnelles et la gestion de l'équipe. Assurez-vous que chaque aspect reçoit l'attention nécessaire pour une croissance équilibrée.

À ce stade, organisez votre semaine de manière à consacrer le lundi exclusivement à votre équipe, puis à focaliser le reste de la semaine, du mardi au dimanche, sur votre liste de prospects et le recrutement.

Votre Leader prend l'initiative de s'occuper des besoins en formation de votre équipe, vous libérant de cette responsabilité et vous donnant la latitude nécessaire pour vous focaliser pleinement sur les priorités établies. Cela vous permet de canaliser votre énergie et votre temps vers des tâches qui demandent votre attention immédiate et qui sont cruciales pour le développement et l'expansion de votre organisation.

Priorisation des Tâches
Déterminez les tâches qui génèrent le plus de valeur pour votre entreprise comme le recrutement, et celles qui favorisent la croissance de votre équipe. Priorisez ces activités dans votre emploi du temps.

Feedback de votre Sponsor et Leader
Partagez votre plan révisé avec votre sponsor et votre Leader et sollicitez leur avis. Leur expérience et leur perspective peuvent vous aider à optimiser davantage votre organisation.

De nouveaux objectifs vous attendent
Mettre à Jour Vos Objectifs à Court Terme
La réorganisation est bénéfique, et il est maintenant essentiel de mettre à jour vos objectifs à court terme en conséquence.

Objectif : conduire une voiture presque gratuitement !

Incluez dans vos objectifs l'exploitation des incitations proposées par votre entreprise MLM, telles que les concours, les voyages, ou même les programmes de location de voitures de marque. Profitez de ces merveilleuses récompenses et boostez votre motivation pour atteindre des objectifs souvent liés à vos performances.

Il est possible également que votre Leader est organiés des concours interne à la structure. Informez-vous !

> *Une organisation dépourvue d'objectifs clairs est totalement inefficace.*

Pour évaluer l'efficacité de votre nouvelle organisation, définissez des objectifs précis à atteindre dans les mois à venir, tant en termes de nombre de recrutements que de satisfaction au sein de votre équipe.

Des objectifs avec votre équipe
Intégrez à vos ambitions personnelles des cibles fédératrices qui engagent toute l'équipe. Déterminez ensemble des objectifs ambitieux en matière de recrutement, de ventes et de formation. Puis, en véritable cohésion, déployez tous les efforts nécessaires

pour les réaliser.

Flexibilité et Réévaluation

Restez flexible et ouvert aux ajustements. Le monde du MLM est dynamique ; ce qui fonctionne aujourd'hui peut nécessiter une adaptation demain. Prenez l'engagement de procéder à un examen périodique de votre organisation, et soyez prêt à y apporter les modifications nécessaires pour rester en phase avec un environnement en constante évolution.

Continuer à Parrainer

Le recrutement ne s'arrête pas une fois que vous avez une équipe. Continuez à élargir votre réseau pour assurer une croissance continue de votre entreprise.

L'objectif principal reste le recrutement. Orientez également votre équipe vers les formations proposées par votre Leader et concentrez-vous sur leur suivi une à deux heures par semaine. Il est souvent observé que les membres les plus prospères dans l'industrie du MLM maintiennent un rythme soutenu de parrainage, **intégrant sans relâche 3 à 4 nouvelles personnes chaque mois**, que vous soyez un manager débutant ou un Leader confirmé. Pour vous, le parrainage devrait constituer la pierre angulaire, l'objectif premier à poursuivre sans faille pour garantir la pérennité et le succès de votre entreprise sur le long terme.

Organisation avec Votre Équipe
Planification Initiale

Coordonnez-vous avec votre Leader dès le début pour identifier les membres de l'équipe ayant un potentiel de *Manager*. Élaborez ensemble une stratégie pour leur développement, en vous appuyant sur les forces et l'expertise complémentaires que vous et votre Leader apportez.

Aider ceux qui veulent vous copier

L'accompagnement de nouveaux membres vers le leadership (*la duplication*) doit idéalement se faire en collaboration étroite avec votre Leader, surtout au début de votre carrière dans le MLM.

Cette approche collaborative assure non seulement une transition fluide pour les nouveaux Managers de votre équipe mais enrichit également leur parcours d'apprentissage avec des perspectives diversifiées.

Séances de Mentorat Conjoints
Organisez une session de mentorat mensuelle où vous et votre Leader pouvez interagir directement avec les membres prometteurs. Ces sessions permettent de transmettre une gamme plus large de connaissances et d'expériences, donnant aux futurs Managers une compréhension plus riche du MLM.

Feedback et Évaluation
Assurez-vous que vous et votre Leader fournissez régulièrement des retours constructifs aux membres en développement. Ces évaluations peuvent aider à affiner leurs compétences et à ajuster leurs objectifs en fonction des besoins de l'équipe et de l'entreprise.

Implication dans la Formation
Impliquez votre Leader dans la conception et la mise en œuvre de programmes de formation spécifiques. Leur expertise peut être particulièrement précieuse pour aborder des sujets avancés ou des stratégies de haut niveau.

Support Continu
Même après les premières étapes de leur développement, continuez à travailler avec votre Leader pour soutenir ces membres émergents. Le passage du mentorat initial à un soutien plus autonome doit être progressif et adapté aux besoins individuels de chaque membre.

Encourager l'Indépendance
Bien que l'implication du Leader soit cruciale au début, il est également important de préparer progressivement les futurs Managers comme vous à prendre des initiatives indépendantes. Encouragez-les à prendre des décisions, à gérer leurs propres sous-équipes et à innover dans leurs stratégies de MLM.

En impliquant vos Managers dans ces étapes cruciales, vous contribuez à créer un environnement d'apprentissage solide et soutenu pour les membres à fort potentiel, augmentant ainsi leurs chances de succès et, par extension, le succès de votre entreprise MLM.

Assister Ensemble à des Formations

Encouragez une culture d'apprentissage continu en participant ensemble à des formations MLM, que ce soit des webinaires, des ateliers ou des conférences. Cela renforcera non seulement les compétences de votre équipe mais aussi leur sentiment d'appartenance à un groupe soudé.

En développant ces points, vous établirez une fondation solide pour votre croissance personnelle dans le MLM et celle de votre équipe. Gardez à l'esprit que la clé du succès réside dans l'équilibre entre le développement de vos propres activités et le soutien apporté à votre équipe.

Optimiser votre chiffre d'affaires
Animer Vos Prospects

Vos clients doivent commander activement chaque mois

Un aspect clé du MLM est de s'assurer que vos prospects deviennent des clients réguliers. Mettez en place un système pour suivre les commandes de chaque membre et encouragez une activité régulière par le biais d'incitations ou de rappels amicaux.

D'après mon expérience, cet élément clé est souvent négligé par les novices évoluant dans leur parcours MLM. Les raisons principales incluent la réticence à communiquer régulièrement sur les produits, de peur de paraître trop insistant dans les ventes, ou parce que la compagnie MLM s'en charge déjà, laissant penser que leur effort personnel est superflu.

Il est crucial de se rappeler que c'est vous qui avez introduit ces personnes dans le réseau, et qu'elles continuent de compter sur vos recommandations pour découvrir les nouveautés ou bénéficier d'offres avantageuses.

Cette négligence peut mener à une situation où 80% de votre réseau cesse de passer commande, compromettant la vitalité et la pérennité de votre structure. Maintenir l'activité de votre liste de *clients* chaque mois est essentiel pour assurer une génération continue de points. Dans le domaine du marketing, cela relève de la *fidélisation*, qui s'avère souvent moins coûteuse, tant en temps qu'en argent, que le recrutement de nouveaux membres. Fidéliser des clients ou membres existants est donc une stratégie efficace pour assurer la durabilité de votre réseau MLM.

Il est souvent souligné que la fidélisation des clients est moins coûteuse et potentiellement plus rentable que l'acquisition de nouveaux clients. Des études montrent qu'acquérir un nouveau client peut coûter jusqu'à cinq fois plus cher que de conserver un client existant.

De plus, augmenter ce taux de *rétention* des clients de 5% peut entraîner une augmentation des profits de 25% à 95%. Les clients existants ont également une probabilité de 60% à 70% d'acheter à nouveau, comparée à seulement 5% à 20% pour les nouveaux clients (Fidéliser un client revient moins cher que d'en recruter un., s.d.).

Cette information souligne l'importance de maintenir une relation solide avec les clients existants pour renforcer leur loyauté et augmenter les profits à long terme.

Et qui sait, grâce à votre persévérance dans le suivi, l'un de vos clients pourrait être inspiré à lancer son propre business MLM, tout comme vous l'avez fait.

Actions Marketing

Pour optimiser l'utilisation des ressources fournies par votre société de MLM et assurer un suivi efficace des ventes tout en restant à jour sur les nouveautés, voici quelques stratégies :

Automatisation des rappels

Profitez des fonctionnalités d'automatisation pour envoyer des rappels concernant les réunions d'équipe, les formations à venir et les mises à jour importantes. Cela vous permettra de maintenir votre équipe engagée et informée, sans avoir à gérer manuellement chaque communication.

Créez des groupes pour vos partenaires les plus actifs sur vos

Messenger tels que Whatsapp, Telegramm ou autres.

Intégration des efforts de marketing
Bien que votre société de MLM prenne en charge une grande partie des efforts de marketing, notamment par le biais d'e-mailings et des médias sociaux, il est judicieux de compléter ces efforts par votre propre touche personnelle. Partagez les contenus de marketing de l'entreprise sur vos propres canaux sociaux, en les personnalisant légèrement pour refléter votre expérience et votre perspective unique.

Les media sociaux
Abonnez-vous aux newsletters de l'entreprise, participez activement aux webinaires et aux séminaires organisés par la société de MLM, et engagez-vous dans les forums communautaires ou les groupes de discussion. Cela vous permettra non seulement de rester informé des dernières nouveautés et des meilleures pratiques, mais également de poser des questions et de partager vos propres insights.

Outils à votre disposition
Utilisation des outils de suivi
Engagez-vous activement avec les plateformes et logiciels fournis par votre société de MLM. Ces outils sont souvent conçus pour vous aider à suivre les performances de vos ventes, à identifier les tendances et à gérer votre réseau. Explorez en profondeur les outils à votre disposition pour maximiser leur utilité. Cela inclut des tableaux de bord pour surveiller les performances de votre réseau, des systèmes d'emailing, des sites web personnalisés, des boutiques en ligne à votre nom, une bibliothèque de vidéos accessible en ligne, et des applications mobiles dédiées.

Restez informé des nouveautés
Restez constamment à l'affût des communications de votre entreprise MLM concernant les nouvelles offres, les programmes d'incitation, les compétitions et les derniers produits. Il est crucial de noter soigneusement ces mises à jour et de les partager

proactivement avec votre réseau. Cette démarche est essentielle pour garder votre équipe bien informée et pleinement impliquée dans l'activité.

L'éducation continue
Consacrez du temps à votre développement personnel et professionnel en participant à des formations supplémentaires offertes par la société ou votre Leader. Cela vous permettra d'améliorer vos compétences en vente et en gestion d'équipe, et de rester compétitif dans un secteur en constante évolution.

En route vers le niveau de Leader
Même si vous n'avez pas encore atteint le statut de Leader, cette phase de votre parcours représente un moment crucial pour l'acquisition de nouvelles compétences indispensables à votre future position de Leader.

Stratégies de Communication Avancées
Meeting en présentiel
Les rencontres en face-à-face favorisent la création de liens solides, indispensables pour bâtir la confiance et la cohésion au sein de l'équipe. Elles permettent également une communication plus riche et nuancée, où les gestes et expressions non-verbales jouent un rôle clé. Ces réunions offrent l'opportunité de résoudre rapidement les problèmes grâce à la discussion directe et d'accroître l'engagement en partageant des expériences de manière plus personnelle et impactante.

Pour débuter, saisissez l'opportunité de prendre la parole lors des réunions organisées par votre Leader. Cela constituera un excellent exercice pratique, et votre Leader sera ravi de vous accompagner et de vous préparer à organiser vos propres réunions.

Meeting online
Les réunions virtuelles offrent une flexibilité sans précédent et la possibilité de connecter des membres d'équipe situés partout dans le monde. Elles réduisent les contraintes de temps et de coûts liées aux déplacements, rendant la participation plus

accessible. De plus, les fonctionnalités des plateformes comme le partage d'écran, les salles de sous-groupe et les tableaux blancs enrichissent l'expérience de formation et de collaboration.

Grâce à des applications de messagerie instantanée telles que WhatsApp, Facebook Messenger ou FaceTime, vous pouvez facilement organiser des réunions en visioconférence directement depuis votre téléphone, sans aucun coût additionnel.

Video tutoriels

Les vidéos tutorielles permettent de standardiser la formation, garantissant que tous les membres reçoivent les mêmes informations de qualité. Elles sont accessibles à tout moment, offrant aux membres la liberté d'apprendre à leur rythme et de revoir le contenu autant de fois que nécessaire. De plus, les vidéos peuvent être facilement partagées et élargissent la portée de votre message au-delà de votre réseau immédiat.

Il est tout à fait envisageable de mettre en place un groupe Facebook privé, un groupe Whatsapp, ou encore de lancer une chaîne YouTube dédiée. De nombreuses entreprises MLM mettent également à disposition des espaces en ligne personnalisables ou des applications mobiles que vous pouvez configurer spécifiquement pour les besoins de votre équipe. Informez-vous sur ces outils proposés par votre société MLM pour optimiser la communication et le partage d'informations au sein de votre structure.

Communication en ligne

Les canaux de communication en ligne assurent une interaction continue et instantanée, essentielle pour maintenir l'élan et la motivation au sein de l'équipe. Ils facilitent le partage rapide d'informations, la célébration des succès et la réaction agile aux défis. Cette forme de communication favorise également une culture de transparence et d'entraide.

Media Sociaux et Messenger

L'utilisation des médias sociaux et des applications de messagerie permet une diffusion large et ciblée de votre contenu. Elle renforce la visibilité de votre entreprise et de vos produits, tout en créant une communauté engagée autour de votre marque. Les interactions personnalisées via Messenger, tel Whatsapp, Telegramm, Signal, ou autres, offrent une approche plus intime, renforçant les relations avec vos prospects et downlines et améliorant les taux de conversion.

Agrandir sa liste de prospects
Dans le contexte du marketing de réseau ou MLM, la notion de "*marché chaud*" et "*marché froid*" se réfère à deux groupes distincts de prospects cibles pour la promotion de leurs produits ou pour l'expansion de votre réseau.
Arrivé à ce point de votre parcours MLM, vous pourriez avoir l'impression d'avoir épuisé votre liste initiale de prospects issus de votre marché chaud. Il se peut aussi que certains noms n'aient pas été exploités, retenus par la crainte d'un accueil négatif ou par simple supposition. Il est essentiel de maximiser l'utilisation de ces contacts restants, en les abordant avec une stratégie renouvelée et une perspective positive.
Si votre liste de marché chaud semble tarie, ne vous inquiétez pas : de nouvelles avenues de prospection s'offrent à vous.
Cette étape marque le début d'une expansion vers des territoires inexplorés, où le potentiel de croissance de votre réseau MLM est pratiquement illimité. Que ce soit à travers des rencontres fortuites, des événements de réseautage, ou l'utilisation judicieuse des médias sociaux, chaque nouvelle interaction représente une opportunité de présenter votre proposition de valeur à des individus encore non sollicités.
C'est le moment d'embrasser pleinement le concept d'apprentissage continu et d'adaptation, en affinant vos compétences de communication et en élargissant votre approche pour inclure des segments de marché tiède et froid. Chaque pas en avant dans ce nouvel espace de prospection est un pas vers la consolidation et l'expansion de votre entreprise MLM.

Marché Chaud
Dans l'univers fascinant du marketing de réseau, le "marché

chaud" désigne les relations personnelles et les connexions intimes qui forment le socle de votre réseau initial. Ce cercle, constitué de membres de la famille, d'amis proches, de collègues et d'autres connaissances, représente le terrain de jeu initial pour ceux qui se lancent dans l'aventure MLM.

La force du marché chaud réside dans le réseau de confiance préexistant, qui facilite la communication et instaure une atmosphère conviviale, idéale pour introduire des opportunités commerciales ou des produits innovants. L'accueil est souvent plus chaleureux et les discussions plus ouvertes, grâce à des liens renforcés par le temps et les expériences partagées.

Néanmoins, le potentiel du marché chaud n'est pas sans fin. Bien qu'il offre un terrain fertile au démarrage, ses ressources sont naturellement limitées et peuvent s'épuiser avec le temps. En outre, la fusion des relations personnelles et professionnelles peut parfois conduire à des situations délicates, où le maintien d'un équilibre harmonieux entre affinités personnelles et ambitions commerciales devient crucial. Ce parcours, semé d'embûches, exige du marketeur MLM une grande habileté pour préserver l'intégrité des relations tout en poursuivant ses objectifs professionnels.

Marché Tiède, votre prochain objectif

Situé à mi-chemin entre l'intimité du marché chaud et l'anonymat du marché froid, le *marché tiède* se compose de contacts moins proches, comme des amis d'amis, des membres éloignés de la famille, ou des relations professionnelles périphériques. Ce niveau intermédiaire offre une zone de transition confortable pour les vendeurs MLM désireux d'étendre leur réseau au-delà de leur cercle immédiat.

Le marché tiède se révèle être un espace idéal pour peaufiner ses techniques de vente et de recrutement, un terrain propice à l'expérimentation avant de plonger dans les eaux plus incertaines du marché froid. C'est dans cet espace que le vendeur peut tester de nouvelles approches, les media sociaux, affiner son message et s'adapter aux réactions variées, tout en bénéficiant encore d'un certain degré de familiarité.

Marché Froid

Le "marché froid" représente l'univers élargi des personnes hors de votre cercle social immédiat, celles avec qui vous n'avez encore établi aucun lien préalable. Ce groupe peut englober des individus croisés lors de séminaires de réseautage, des contacts glanés à travers des campagnes publicitaires, les media sociaux, ou même des rencontres fortuites dans des espaces publics.

L'avantage principal du marché froid réside dans son potentiel expansif, offrant une toile vierge sur laquelle dessiner les contours de votre réseau en devenir. C'est une voie ouverte vers la diversification de votre liste de prospects, permettant ainsi de pousser les frontières de votre entreprise MLM bien au-delà de votre sphère de confort.

Néanmoins, s'aventurer sur le marché froid présente ses propres défis. Sans la base solide de confiance établie par des relations préexistantes, engager le dialogue avec ces nouveaux contacts demande une maîtrise affirmée des techniques de communication et de persuasion.

De surcroît, il est fréquent que le *taux de conversion* s'avère inférieur à celui observé au sein du marché chaud, la barrière de la méfiance initiale constituant un obstacle non négligeable à surmonter.

Les media sociaux à la rescousse

Dans l'univers du MLM, l'approche du marché froid représente souvent un défi majeur, mais aussi une opportunité considérable de croissance. Les médias sociaux s'avèrent être un outil puissant pour relever ce défi, permettant d'atteindre une audience vaste et diversifiée au-delà de votre cercle immédiat. Voici comment utiliser judicieusement les médias sociaux pour aborder votre marché froid :

Créer une Présence Professionnelle : Avant tout, il est crucial de soigner votre image en ligne. Votre profil sur les réseaux sociaux doit refléter votre professionnalisme, votre passion pour les produits ou services que vous proposez, et véhiculer les valeurs de votre entreprise MLM. Une présence soignée et authentique attire naturellement l'intérêt.

Publier du Contenu de Valeur : Au lieu de se concentrer uniquement sur la vente, publiez du contenu qui apporte de la valeur à vos abonnés. Cela peut inclure des conseils, des astuces liées à votre domaine, des témoignages de réussite, des informations sur les tendances du marché, etc. Le contenu utile et engageant établit votre crédibilité et attire un public plus large.

Interagir Authentiquement : Les médias sociaux ne sont pas à sens unique. Prenez le temps de répondre aux commentaires, de participer à des discussions, et d'interagir de manière authentique avec votre audience. Cette interaction crée une relation de confiance et montre que vous vous intéressez réellement aux besoins et aux préoccupations de vos prospects.

Utiliser les Publicités Ciblées : Les plateformes de médias sociaux offrent des outils publicitaires puissants permettant de cibler très précisément vos prospects idéaux. En définissant les caractéristiques de votre audience cible, comme les intérêts, l'âge, la localisation géographique, etc., vous pouvez assurer que vos messages atteignent les personnes les plus susceptibles d'être intéressées par votre offre.

Développer des Stratégies de Contenu Visuel : Les contenus visuels tels que les images, les infographies et surtout les vidéos ont un impact significatif sur les médias sociaux. Utilisez ces formats pour capturer l'attention, expliquer les avantages de vos produits et partager des histoires inspirantes.

Construire une Communauté : Au-delà de la simple vente, visez à construire une communauté autour de vos valeurs et de votre marque. Les groupes sur les plateformes sociales sont un excellent moyen de rassembler des individus partageant les mêmes idées, de discuter de sujets pertinents et de créer un sentiment d'appartenance.

Analyser et Adapter : Utilisez les outils analytiques fournis par les plateformes de médias sociaux pour suivre l'efficacité de vos stratégies. Comprenez ce qui résonne avec votre audience et ajustez vos tactiques en conséquence pour améliorer l'engagement et les conversions.

En intégrant ces stratégies dans votre approche du marché froid via les médias sociaux, vous pouvez étendre votre réseau de manière significative, tout en établissant une présence en ligne solide et respectée dans le domaine du MLM.

Il est bien sûr aussi possible de recruter sur les media sociaux comme Facebook, Instagram, Tiktok ou autres.

Instagram pour parrainer

Créer un script efficace pour recruter sur Instagram implique d'attirer l'attention, d'engager la conversation et de présenter l'opportunité de manière attrayante et personnalisée. Voici un exemple de script :

Approche Business

Étape 1: Attirer l'attention

Publication Instagram ou Story :

" Transformez votre passion en profit! Découvrez comment j'ai construit mon entreprise depuis chez moi et comment vous pouvez faire de même. Swipez vers la droite pour plus d'infos! #Entrepreneuriat #OpportunitéMLM #VieDeRêve"

Étape 2: Engager la conversation en DM (Message Direct)

Lorsqu'un prospect montre de l'intérêt par un like, un commentaire, ou répond à votre story :

"Salut [Nom]! Merci d'avoir aimé ma publication/story sur [le sujet]. Je suis ravi(e) de voir que tu es intéressé(e) par l'opportunité d'entreprendre et de créer ta propre réussite. As-tu déjà envisagé de te lancer dans le marketing de réseau?"

Étape 3: Présenter brièvement l'opportunité

Si le prospect répond positivement ou demande plus d'informations :

"C'est génial d'entendre que tu es ouvert(e) à de nouvelles opportunités! Ce que j'apprécie dans le marketing de réseau, c'est la flexibilité et le potentiel de croissance, sans les contraintes d'un travail traditionnel. Je travaille avec [nom de l'entreprise MLM], qui offre non seulement d'excellents produits/services mais aussi une communauté incroyable et un plan de compensation très attractif. Est-ce que tu serais intéressé(e) à en savoir plus lors d'un appel rapide ou d'un webinaire informatif?"

Étape 4: Fixer un rendez-vous

Si le prospect exprime un intérêt pour en savoir plus :

"Parfait ! Je peux te proposer un appel rapide mardi à 17h ou mercredi à 12h. Quel moment te conviendrait le mieux? Ce sera une conversation sans pression, juste pour t'expliquer comment tout fonctionne et répondre à toutes tes questions."

Ce script est un guide général et doit être adapté en fonction de votre personnalité, de votre marque et de votre audience cible. L'authenticité et la personnalisation sont clés pour établir une véritable connexion et présenter l'opportunité MLM de manière attrayante sur Instagram.

Approche par le produit

Pour une approche centrée sur la publication d'un produit sur Instagram, avec l'objectif de recruter de nouveaux membres pour votre équipe MLM, voici un script qui pourrait être utilisé :

Étape 1: Attirer l'attention avec une publication produit

Publication Instagram :

"Transformation Incroyable - Découvrez comment [Nom du produit] a changé ma vie et celles de nombreuses autres personnes! Des résultats réels, une communauté inspirante, et une opportunité unique de grandir. Faites défiler pour voir les avant-après! #Transformation #SantéEtBienêtre #RejoignezNous"

Étape 2: Engager la conversation en DM (Message Direct)

Lorsqu'un prospect montre de l'intérêt par un like, un commentaire, ou répond à votre story :

"Hey [Nom]! Merci beaucoup pour ton intérêt pour [Nom du produit]. Ce produit n'est pas seulement incroyable pour [son effet], mais il fait également partie d'une opportunité plus large de changer de vie et d'aider les autres à faire de même. As-tu déjà pensé à combiner ta passion pour le bien-être avec une opportunité d'affaires?"

Étape 3: Présenter l'opportunité

Si le prospect est curieux ou demande des détails :

"Je suis tellement content(e) que tu sois curieux(se)! [Nom du produit] est juste la pointe de l'iceberg. En rejoignant notre équipe, tu auras non seulement accès à des produits révolutionnaires mais aussi l'occasion de bâtir ta propre entreprise, soutenu(e) par une équipe incroyable. Et le meilleur? Tu peux démarrer à ton rythme, depuis chez toi. Ça te dirait d'en apprendre plus sur comment cela pourrait fonctionner pour toi?"

Étape 4: Invitation à un événement ou à une présentation

Si le prospect est intéressé :

"Super! J'organise une [session Zoom/Webinaire/Présentation en live] ce [date et heure] où je partagerai plus de détails sur nos produits, l'histoire de succès de notre équipe, et comment tu peux te lancer. Ce sera super interactif et informatif, sans aucune pression. Ça te conviendrait de te joindre à nous?"

Avec cette approche, l'accent est mis sur le produit tout en ouvrant la porte à une conversation plus large sur l'opportunité d'affaires associée. C'est une manière douce d'initier l'intérêt pour le MLM tout en fournissant une valeur immédiate à travers les avantages du produit.

Naviguer avec aisance entre ces trois sphères – le marché chaud, tiède et froid – est une compétence fondamentale pour le marketeur MLM. Cela lui permet d'exploiter pleinement le potentiel de chaque segment, assurant ainsi une expansion progressive et solide de son entreprise MLM. La maîtrise de ces transitions et la capacité à adapter sa stratégie en fonction du marché ciblé sont des atouts inestimables pour une croissance soutenue et un succès durable dans le monde du marketing de réseau.

Gestion Stratégique des Conflits

Lorsque votre réseau s'étoffe pour atteindre entre 80 et 100 membres, incluant 4 à 5 personnes désireuses de construire leur propre affaire comme vous, la gestion devient plus complexe. La coordination entre pairs, la résolution des plaintes, la gestion des frustrations liées aux échecs de certains ou les désaccords au sein du groupe peuvent entraver la dynamique de votre structure.

À mesure que vous vous rapprochez du statut de Leader et que le nombre de vos membres s'accroît, il est crucial de maîtriser la gestion de ces problématiques. Une solution efficace consiste à instaurer des systèmes de communication clairs et des processus de résolution de conflits.

Solutions

Organisez régulièrement des réunions pour discuter des préoccupations et des succès, encouragez la transparence et la compréhension mutuelle. Mettez en place des mécanismes de mentorat où les membres plus expérimentés peuvent guider et soutenir les nouveaux venus.

De plus, il est bénéfique de diversifier les responsabilités au sein de l'équipe, en confiant des rôles spécifiques à ceux qui montrent un potentiel de leadership ou encore demandez à votre Leader d'arbitrer.

Cela non seulement allège votre charge de travail mais encourage également l'engagement et la responsabilisation des membres. En adoptant une approche proactive dans la gestion de votre équipe, vous renforcerez la cohésion et maintiendrez une dynamique positive, propice à la croissance de tous.

Construire une Culture d'Équipe Positive
Définir des Valeurs Communes

Commencez par établir un ensemble de valeurs qui définissent l'identité de votre équipe. Cela peut inclure l'intégrité, la collaboration, le respect mutuel, ou l'engagement envers les objectifs communs. Ces valeurs servent de fondement à la culture de votre équipe et guident les comportements et les interactions.

Encourager la Communication Ouverte

Créez un environnement où les membres de l'équipe se sentent à l'aise pour exprimer leurs idées, leurs préoccupations et leurs feedbacks. Utilisez des outils de communication efficaces et organisez des réunions régulières pour faciliter le partage d'informations et renforcer les liens entre les membres.

Reconnaître et Célébrer les Réussites

La reconnaissance des efforts et des succès renforce la motivation et l'engagement. Mettez en place des systèmes de récompenses pour célébrer les réalisations individuelles et collectives, qu'il s'agisse de réussites commerciales ou de contributions notables à la dynamique de l'équipe.

Favoriser le Développement Personnel et Professionnel

Investissez dans la formation et le développement des compétences de chaque membre. Proposez des ressources d'apprentissage, des ateliers et des opportunités de mentorat pour encourager la croissance personnelle et professionnelle au sein de l'équipe.

Créer des Expériences Partagées

Les activités de team building et les événements sociaux renforcent les liens et cultivent un sentiment d'appartenance. Organisez des retraites, des séminaires et des activités de loisirs pour permettre aux membres de l'équipe de se connecter en dehors du contexte professionnel.

CHAPTER 6: LE RÔLE DU LEADER : DIRIGER UNE ENTREPRISE MLM PROSPÈRE

Les enjeux de la transition vers un leadership de haut niveau

Développement des Compétences de Leadership

Maîtrise de compétences avancées en communication, motivation et gestion d'équipe :

La capacité à communiquer efficacement est la pierre angulaire du leadership dans le marketing de réseau. Cela comprend non seulement la capacité à transmettre clairement vos idées et visions, mais aussi à écouter activement et à répondre aux besoins de votre équipe. La motivation joue un rôle crucial ; un leader efficace sait comment inspirer son équipe, reconnaître leurs efforts et les pousser à atteindre leurs objectifs. La gestion d'équipe implique de coordonner les efforts collectifs, résoudre les conflits et maintenir une dynamique de groupe positive.

Rester un motivateur

Capacité à inspirer et à influencer une grande diversité de membres au sein du réseau :

Un leader MLM prospère doit pouvoir toucher et connecter avec une gamme variée de personnalités et de cultures au sein de son réseau. Cela implique de comprendre les motivations individuelles et de les aligner avec les objectifs de l'équipe.

L'influence positive, exercée de manière éthique, encourage les membres à s'investir pleinement dans leurs rôles et contribue à la croissance harmonieuse du réseau.

Développement d'une vision stratégique pour guider l'équipe vers des objectifs à long terme :

Les leaders doivent voir au-delà de l'horizon immédiat et tracer une voie vers l'avenir. Cela implique de définir des objectifs clairs, réalisables et inspirants qui motivent l'équipe. La vision stratégique s'accompagne de la planification, de la mise en place de jalons et de la capacité à ajuster les plans en fonction de l'évolution du marché et des circonstances.

Gestion de la Croissance et de l'Expansion

Adaptation des stratégies pour gérer efficacement un réseau en expansion rapide :

À mesure que votre réseau se développe, les stratégies qui fonctionnaient pour une petite équipe peuvent devenir obsolètes. Il est essentiel d'adapter vos méthodes de communication, de formation et de soutien pour s'assurer qu'elles restent efficaces à plus grande échelle. Cela peut impliquer l'adoption de nouvelles technologies ou la mise en œuvre de sous-équipes avec des leaders intermédiaires.

Mise en place de systèmes et de processus évolutifs pour accompagner la croissance :

Les systèmes et processus évolutifs garantissent que votre entreprise peut s'agrandir sans sacrifier la qualité ou l'efficacité. Cela inclut des systèmes de gestion de l'information, de communication et de formation qui peuvent s'adapter à un nombre croissant de membres sans nécessiter de révision constante.

Gestion des défis logistiques et organisationnels liés à une structure MLM étendue :

À mesure que la structure de votre réseau s'élargit, les défis logistiques et organisationnels deviennent plus complexes. La clé est de prévoir ces défis et de mettre en place des solutions proactives, telles que des logiciels de gestion de réseau, des plateformes de communication centralisées et des systèmes de support efficaces.

Équilibre Entre Vie Professionnelle et Personnelle

Maintien d'un équilibre sain entre les exigences du rôle de leader et les besoins personnels :

Le leadership dans le MLM peut être incroyablement gratifiant, mais il exige aussi beaucoup. Pour éviter le surmenage, il est crucial de trouver un équilibre entre les responsabilités professionnelles et la vie personnelle. Cela peut impliquer de définir des limites claires, de prendre régulièrement du temps pour soi et pour ses proches, et de pratiquer l'autogestion.

Développement de techniques de gestion du temps et de délégation efficace :

Apprendre à gérer votre temps efficacement est essentiel pour maintenir cet équilibre. Cela inclut la priorisation des tâches, la planification stratégique de votre journée et l'identification des activités à forte valeur ajoutée. La délégation est également un outil puissant ; en confiant des responsabilités à des membres de confiance de votre équipe, vous pouvez alléger votre charge de travail tout en développant leurs compétences et leur engagement.

Prévention de l'épuisement professionnel en priorisant le bien-être et la durabilité :

L'épuisement professionnel est un risque réel pour les leaders MLM, en particulier ceux qui s'engagent profondément dans leur travail. Pour le prévenir, il est important de prendre soin de soi, tant physiquement que mentalement. Cela peut inclure des pratiques telles que l'exercice régulier, une alimentation équilibrée, des techniques de relaxation et la recherche d'un soutien émotionnel auprès de la famille, des amis ou des professionnels.

CHAPTER 7: GESTION D'UNE ENTREPRISE MLM À GRANDE ÉCHELLE : DÉFIS ET SOLUTIONS

Complexité Organisationnelle

Simplification des structures et des processus pour faciliter la gestion et la communication:

Dans une entreprise MLM qui se développe rapidement, il est facile de se retrouver avec une structure compliquée et encombrée. Cette complexité peut ralentir les choses, rendre la communication difficile et compliquer la prise de décisions. Pour éviter ces écueils, il est crucial de simplifier l'organisation de l'entreprise.

Dans la structure de votre entreprise MLM, l'organisation hiérarchique joue un rôle crucial en assurant que chaque membre ou Manager assume la responsabilité de son groupe. Votre mission en tant que leader est d'inculquer à ces managers les compétences nécessaires pour diriger efficacement leur propre équipe, tout en adhérant aux valeurs et à la culture de votre organisation.

Il est essentiel de résister à la tentation de prendre en main les tâches qui incombent à vos managers. En intervenant trop, vous risquez de les priver de l'occasion de se développer et d'acquérir de l'autonomie. Votre intervention devrait se concentrer sur des aspects comme la motivation et la reconnaissance au sein de ces groupes.

Prenons l'exemple d'un manager qui rencontre des difficultés à maintenir l'engagement de son équipe. Plutôt que de prendre directement les rênes pour résoudre les problèmes, vous pourriez organiser une session de formation pour tous les managers sur les stratégies de motivation d'équipe, ou encore partager des success stories inspirantes au sein de l'entreprise qui mettent en valeur la reconnaissance et les récompenses.

De cette façon, en déléguant les responsabilités et en offrant soutien et reconnaissance, vous construisez une structure solide où chaque membre se sent valorisé et responsable, favorisant ainsi une croissance durable et une culture d'entreprise positive.

Utilisation de technologies avancées pour améliorer l'efficacité opérationnelle:

Dans le dynamique univers du MLM, les sociétés leaders fournissent à leurs membres une panoplie d'outils technologiques sophistiqués, destinés à épauler et à dynamiser leurs activités. Ces outils, allant des portails en ligne personnalisables, emailing, aux applications mobiles, sont conçus pour rendre la gestion des affaires plus fluide, améliorer l'interaction client et simplifier les opérations courantes.

Par exemple, les membres peuvent bénéficier d'un espace en ligne dédié pour suivre en temps réel leurs performances, orchestrer leur réseau et accéder à des ressources éducatives précieuses.

En outre, ces plateformes peuvent intégrer des fonctions automatisées essentielles, telles que le suivi des transactions et le calcul des *commissions*, offrant une transparence et une visibilité accrues sur les résultats individuels. Chaque membre se voit ainsi doté d'un tableau de bord interactif, lui offrant une vision claire de ses succès, de ses objectifs futurs et des possibilités d'interaction au sein de sa communauté.

Ce qui distingue véritablement ces outils, c'est leur capacité à renforcer la connexion et l'efficacité, indépendamment de la localisation géographique, grâce à des solutions mobiles qui garantissent une accessibilité constante.

Il est donc essentiel pour les leaders de ces réseaux de maîtriser parfaitement ces outils et de veiller à ce que leurs managers soient également bien formés à leur utilisation, afin d'assurer une utilisation optimale et un bénéfice maximal pour toute la structure.

Formation des Managers intermédiaires pour renforcer la capacité de gestion à tous les niveaux:

Les futurs Leaders intermédiaires jouent un rôle crucial dans la gestion d'une entreprise MLM à grande échelle. Investir dans leur formation et leur développement garantit qu'ils sont bien équipés pour relever les défis de gestion et de leadership propres à leur rôle. Cela inclut la formation en résolution de conflits, en techniques de motivation, en planification stratégique et en communication efficace.

Création de la Culture d'Entreprise

Mise en œuvre de programmes pour maintenir et transmettre les valeurs fondamentales de l'entreprise:

À mesure que votre entreprise MLM s'épanouit, maintenir l'authenticité de sa culture et de ses valeurs devient impératif. Pour y parvenir, des initiatives concrètes peuvent être mises en place, servant de vecteurs pour transmettre l'essence de votre entreprise à l'ensemble de votre réseau.

Prenons l'exemple des programmes de formation. Ils peuvent être conçus non seulement pour développer les compétences commerciales mais aussi pour véhiculer les principes et l'éthique de l'entreprise. Imaginez un module de formation qui commence par l'histoire de votre entreprise, mettant en avant les luttes, les succès et les valeurs qui ont guidé sa croissance. Cela permet aux nouveaux membres de se sentir connectés à l'histoire de l'entreprise et de comprendre les valeurs qu'ils sont censés perpétuer.

Les manuels d'accueil sont un autre outil puissant. Ils ne servent pas uniquement à informer sur les procédures ou les produits ; ils peuvent aussi raconter l'histoire de l'entreprise, souligner sa mission et ses valeurs, et même inclure des témoignages de membres de longue date qui incarnent ces principes. Ce type de contenu aide les nouveaux arrivants à saisir l'esprit de l'entreprise dès le début.

Enfin, les séminaires et les rencontres régulières, qu'ils soient virtuels ou en personne, offrent des occasions en or pour renforcer la culture d'entreprise. Imaginez un séminaire annuel où, en plus des ateliers de développement des compétences, des sessions sont consacrées à la célébration des réussites basées sur les valeurs de l'entreprise. Des récompenses pourraient être attribuées à ceux qui, par exemple, ont démontré un engagement exceptionnel envers la communauté ou qui ont fait preuve d'une intégrité remarquable dans leur travail.

À travers ces exemples, il est clair que la préservation de la culture et des valeurs d'une entreprise MLM en croissance rapide exige un effort conscient et des stratégies bien pensées. En immergeant les membres dans les traditions, les récits et les principes de l'entreprise dès leur intégration et en continuant à les nourrir tout au long de leur parcours, on garantit que l'essence de l'entreprise reste intacte, même face à l'expansion et au changement.

Organisation d'événements et d'initiatives pour renforcer l'engagement et la cohésion de l'équipe:

Les événements d'entreprise, qu'ils soient virtuels ou en personne, sont d'excellents moyens de renforcer l'esprit d'équipe et l'engagement. Qu'il s'agisse de retraites d'équipe, de célébrations de réussites ou de conférences annuelles, ces initiatives favorisent un sentiment d'appartenance et motivent les membres à contribuer au succès collectif.

Promotion d'une culture d'appartenance et de reconnaissance au sein du réseau élargi:

Reconnaître et valoriser les contributions de chacun renforce le sentiment d'appartenance et encourage une performance supérieure. Les systèmes de récompenses, les cérémonies de reconnaissance et les programmes de mentorat contribuent à créer une culture où chacun se sent valorisé et soutenu.

Innovation et Adaptabilité

Encouragement de l'innovation à travers des programmes d'incubation et des concours d'idées:

Favoriser un environnement où l'innovation est non seulement encouragée mais également récompensée peut propulser votre entreprise MLM vers de nouveaux sommets. Les programmes d'incubation offrent aux membres l'espace et les ressources pour développer leurs idées, tandis que les concours stimulent la créativité et l'engagement.

Adaptation rapide aux tendances du marché et aux besoins des consommateurs:

Dans le monde dynamique du MLM, la capacité à s'adapter rapidement aux changements du marché est un atout majeur. Cela implique une veille constante des tendances, une écoute active des retours clients, et une flexibilité dans l'ajustement des offres et des stratégies en fonction des nouvelles données.

Investissement dans la recherche et le développement pour maintenir l'avantage concurrentiel:

Investir dans la recherche et le développement garantit que votre entreprise reste à l'avant-garde de l'innovation dans votre secteur. Que ce soit par le développement de nouveaux produits, l'amélioration des processus existants ou l'exploration de nouvelles avenues de marché, une approche proactive en R&D solidifie votre positionnement concurrentiel et soutient une croissance durable.

Checklist

www.ingramcontent.com/pod-product-compliance
Lightning Source LLC
Chambersburg PA
CBHW070218230526
45471CB00002B/969